Donna M. Orange
George E. Atwood
Robert D. Stolorow

Intersubjektivität in der Psychoanalyse

Das Werk repräsentiert einen weiteren Schritt in der Entwicklung der Intersubjektivitätstheorie. Es stellt eine klinisch orientierte Fortsetzung von Stolorows und Atwoods Gedanken dar, in denen die Autoren vier Grundpfeiler der psychoanalytischen Theorie – Unbewußtes, Leib-Seele-Verhältnis, Trauma und Phantasie – unter einem intersubjektiven Blickwinkel neu konzeptualisierten. *Intersubjektivität in der Psychoanalyse* beschreibt und illustriert die Kontextsensibilität, die durch die intersubjektive Sichtweise ermöglicht wird.

»*Intersubjektivität in der Psychoanalyse* ist eine radikale und wichtige Überarbeitung psychoanalytischer Theorie und Praxis unter Einbe-ziehung zeitgenössischer Philosophie, Entwicklungstheorie und klini-scher Praxis.« *(Ernest S. Wolf)*

Die Autoren:

Donna M. Orange, Psychoanalytikerin und Philosophin, ist Lehranalytikerin am Institute for the Psychoanalytic Study of Subjec-tivity in New York und Autorin der Bücher *Emotional Understanding* und *Peirce's Conception of God.*

George E. Atwood, Psychoanalytiker, ist Gründungsmitglied des Institute for the Psychoanalytic Study of Subjectivity und Professor für Psychologie an der Rutgers University. Er ist Mitautor der Bücher *Faces in a Cloud* (1984), *Structures of Subjectivity* (1984), *Psychoanalytic Treatment* (1987) und *Contexts of Being* (1992).

Robert D. Stolorow, Psychoanalytiker, ist Lehranalytiker und Supervisor am Institute of Contemporary Psychoanalysis, Los Angeles. Er unterrichtet am Institute for the Psychoanalytic Study of Subjectivity und Professor für Klinische Psychiatrie an der UCLA School of Medicine. Er ist Mitverfasser von *Faces in a Cloud* (1984), *Psychoanalysis of Developmental Arrests* (1984), *Structures of Subjectivity* (1984), *Psychoanalytic Treatment* (1987), *Contexts of Being* (1992). 1995 wurde er mit dem Distinguished Scientific Award der Division of Psychoanalysis der American Psychological Association ausgezeichnet.

Donna M. Orange
George E. Atwood
Robert D. Strolorow

Intersubjektivität in der Psychoanalyse

Kontextualismus in der psychoanalytischen Praxis

Aus dem Amerikanischen
von Elisabeth Vorspohl

Brandes & Apsel

Übersetzung der englischen Ausgabe unter dem Titel *Working Intersubjectively. Contextualism in Psychoanalytic Practice*

2. Auflage 2015
1. Auflage 2001

Umschlag und DTP: Felicitas Müller, Brandes & Apsel Verlag, Frankfurt a. M. unter Verwendung einer Zeichnung von Michael Wolf, Frankfurt a. M.
Druck: STEGA TISAK d.o.o., Printed in Croatia
Gedruckt auf einem nach den Richtlinien des Forest Stewardship Council (FSC) zertifizierten, säurefreien, alterungsbeständigen und chlorfrei gebleichten Papier.

Bibliografische Information der Deutschen Nationalbibliothek:
Die Deutsche Nationalbibliothek verzeichnet diese Publikation in der Deutschen Nationalbibliografie; detaillierte bibliografische Daten sind im Internet über www.ddb.de abrufbar.

ISBN 978-3-86099-224-1

Inhalt

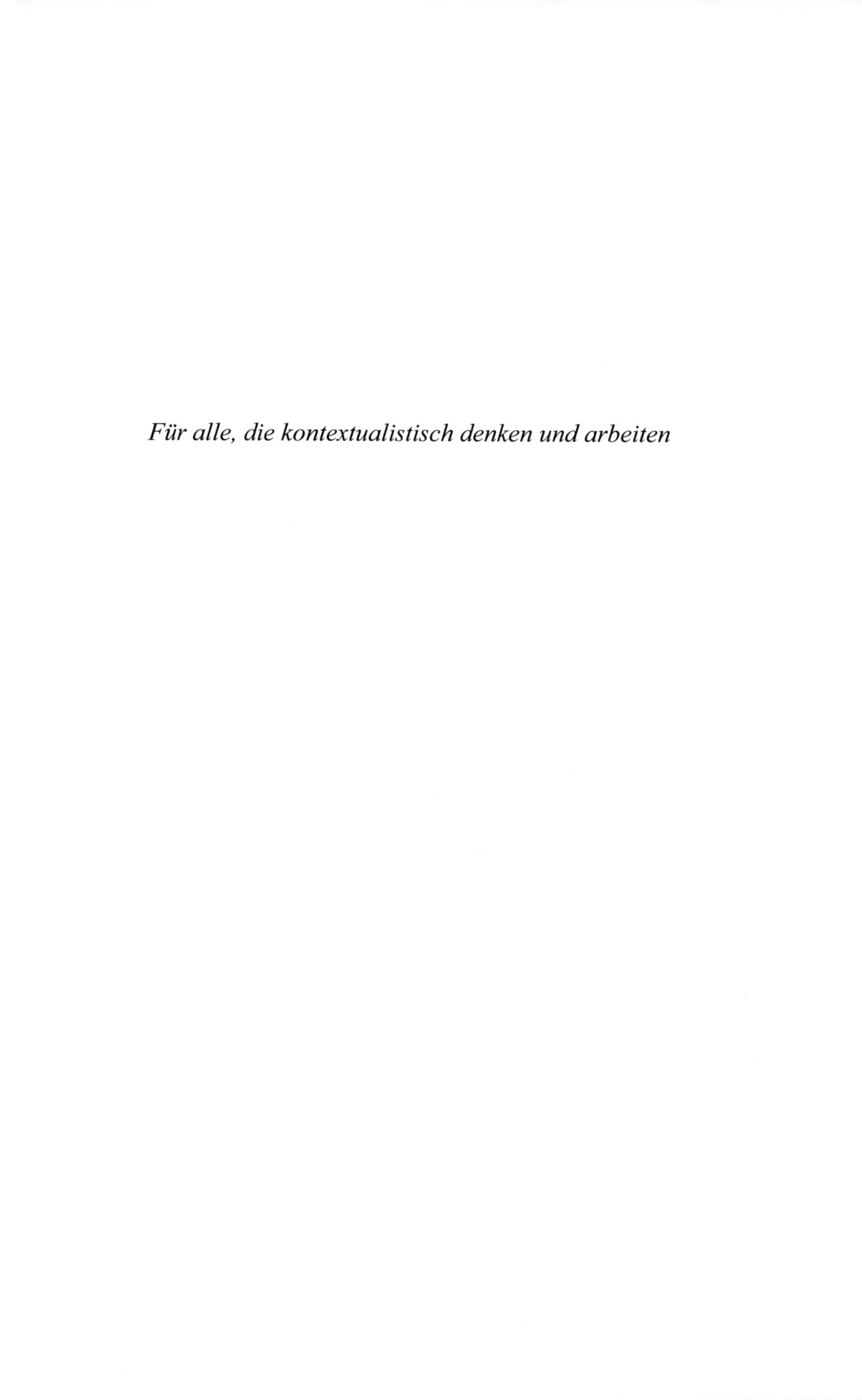

Für alle, die kontextualistisch denken und arbeiten

Geleitwort zur deutschen Ausgabe

Seit einigen Jahren hat sich der Begriff »Intersubjektivität« in der amerikanischen relationalen Psychoanalyse zu einer Art Modewort entwickelt, das den Sprecher psychoanalytisch als post-freudianisch und philosophisch als post-cartesianisch zu identifizieren versucht. Im Rahmen dieser allgemeinen Bedeutung aber werden der Begriff und die mit ihm verknüpften Theorien auf mancherlei unterschiedliche und konfuse Weise verwendet. So bezeichnet »Intersubjektivität« gelegentlich die einhellige Meinung verschiedener Beobachter, daß etwas ein Faktum sei, wobei diesen Beobachtern mitunter Neutralität und Objektivität zugeschrieben wird. Die Faktizität, über die Einigung erzielt wurde, beruht dann mutmaßlich auf einer sogenannten »intersubjektiven Übereinstimmung«. In einer anderen, häufig verwendeten Bedeutung des Begriffs bezeichnet »intersubjektive Bezogenheit« eine in der frühen Kindheit oder in der psychoanalytischen Behandlung erreichte Entwicklungsstufe, nämlich die Fähigkeit, eine andere Person nicht lediglich als Erweiterung des Selbst, die geliebt, gehaßt oder ignoriert werden kann, anzuerkennen und zu behandeln, sondern tatsächlich als einen vom Selbst getrennten Anderen.

Wir hoffen, mit dem vorliegenden Buch zu zeigen, daß sich unsere intersubjektive Systemtheorie von diesen Konzepten erheblich unterscheidet. Mit dem Begriff »intersubjektiv« bezeichnen wir ein lebendes System, das durch die Überschneidung und das Wechselspiel zweier oder mehrerer subjektiver Welten konstituiert wird. Wir gehen davon aus, daß die persönliche Entwicklung einschließlich der Pathogenese voll und ganz in solche relationalen Systeme eingebettet und nur in diesem Rahmen verstehbar ist. Wir nehmen an, daß das selbstorganisierende psychoanalytische System durch die Erfahrungswelten von Patient und Analytiker hergestellt und begrenzt wird und aus ihnen hervorgeht, aus Welten also, die ihrerseits in kulturelle und historische

Kontexte eingebettet sind. Die Transformation dieser Erfahrungswelten resultiert aus der Zusammenarbeit zwischen Patient und Analytiker, das heißt aus ihrem nach Verstehen suchenden Dialog. Alte unbewußte Erfahrungsorganisationen, selbst jene, die in angsterregenden, durch Trauma und Verlust geprägten Kontexten wurzeln, können in der Analyse im Kontext eines stabilen Bindungssystems dialogisch in Frage gestellt und reorganisiert werden. Die Analyse wird zu einem System, in dem der Patient sowohl Heilung als auch eine zweite Entwicklungschance finden kann.

Die Leser dieser Ausgabe werden in unseren Überlegungen viele Ideen wiedererkennen, die erstmals in der deutschen, für komplexes konzeptuelles Denken so hervorragend geeigneten Sprache formuliert wurden. Die Namen und Ideen von Freud, Husserl, Gadamer und Wittgenstein repräsentieren nur einen kleinen Ausschnitt dessen, was die Entwicklung unseres psychoanalytischen, phänomenologischen und systemorientieren Verständnisses von Intersubjektivität deutschsprechenden Denkern verdankt. Daher betrachten wir die Übersetzung dieses Buches als eine große Ehre und freuen uns, durch sie verstärkt am Dialog und an der Weiterentwicklung der postfreudianischen Psychoanalyse im deutschsprachigen europäischen Raum teilnehmen zu können. Wir danken Franz Herberth für sein Interesse an unserer Arbeit und für sein Engagement, das diesen Austausch ermöglicht hat.

Vorwort

Die Entwicklung der intersubjektiven Perspektive in der Psychoanalyse verlief in vier Phasen, die jeweils durch ein Buch dokumentiert wurden. Das erste, *Faces in a Cloud* (Stolorow und Atwood, 1979), zeigte am Beispiel psychobiographischer Untersuchungen, daß psychoanalytische Metapsychologien in erheblichem Maße durch die persönlichen, subjektiven Welten ihrer Begründer geprägt werden. Aus diesem Grund gelangten wir zu dem Schluß, daß die Psychoanalyse einer Theorie der Subjektivität an sich bedarf, eines vereinheitlichenden Rahmens, der nicht nur die Phänomene zu erklären vermag, mit denen sich andere Theorien beschäftigen, sondern auch diese Theorien selbst. Das zweite Buch, *Structures of Subjectivity* (Atwood und Stolorow, 1984), führte das Konzept des intersubjektiven Feldes – des durch unterschiedlich organisierte, reziprok interagierende subjektive Welten gebildeten Systems – als theoretische Grundsäule dieses Rahmens ein. Im dritten Buch, *Psychoanalytic Treatment* (Stolorow, Brandchaft und Atwood, 1987),[1] haben wir das Intersubjektivitätsprinzip auf eine Bandbreite wichtiger klinischer Probleme angewandt, zum Beispiel auf Übertragungsanalyse und Widerstand, auf die therapeutische Wirkung sowie auf die Behandlung von Borderline- und psychotischen Zuständen. Das vierte Buch, *Contexts of Being* (Stolorow und Atwood, 1992), griff zurück auf die vier Grundsäulen der psychoanalytischen Theorie – Unbewußtes, Psyche-Körper-Beziehungen, Trauma und Phantasie – und beschrieb sie unter einer intersubjektiven Perspektive. An den Titel dieses letzten Buches anknüpfend, dokumentieren wir nun die fünfte Phase dieser Entwicklung, nämlich ein breit fundiertes philosophisches Verständnis der psychoanalytischen Praxis. Wir bezeichnen diesen Ansatz als *Kontextualismus*.

[1] Deutsche Ausgabe: *Psychoanalytische Behandlung. Ein intersubjektiver Ansatz*. Frankfurt a. M. (Fischer) 1996.

Im ersten Kapitel erläutern wir die Grundprinzipien der Intersubjektivitätstheorie und illustrieren ihre klinische Anwendung anhand einer Vignette. Das zweite Kapitel enthält eine kontextualistische Kritik des Konzepts der psychoanalytischen Technik, und das dritte untersucht unter kontextualistischem Blickwinkel den Mythos der analytischen Neutralität. Im vierten Kapitel beschreiben wir die intersubjektiven Kontexte extremer psychischer Desintegrationszustände, und im fünften und letzten Kapitel schließlich gehen wir der Frage nach, was es philosophisch und klinisch bedeutet, kontextualistisch zu denken und zu arbeiten. Jedem dieser fünf Kapitel ist unsere Hoffnung eingeschrieben, dem Leser die wesentlichen Elemente einer kontextualistischen Wahrnehmungsweise vermitteln zu können.

1

Intersubjektivitätstheorie und klinischer Austausch

> Auch hier zeigt sich also, daß der, der Verständnis hat, nicht in einem unbetroffenen Gegenüber stehend weiß und urteilt, sondern aus einer spezifischen Zugehörigkeit, die ihn mit dem anderen verbindet, gleichsam mitbetroffen, mitdenkt.
>
> Hans-Georg Gadamer
> *Wahrheit und Methode*

Unter Intersubjektivitätstheorie verstehen wir jene psychoanalytische Theorie, die in *Structures of Subjectivity* (Atwood und Stolorow, 1984) ausgearbeitet und in *Psychoanalytic Treatment* (Stolorow, Brandchaft und Atwood, 1987, deutsch 1996), in *Contexts of Being* (Stolorow und Atwood, 1992) und in *Emotional Understanding* (Orange, 1995) weiterentwickelt wurde. Ein früher Versuch, diesen Blickwinkel zu definieren, lautete, daß »die Psychoanalyse Phänomene zu erhellen versucht, die innerhalb eines spezifischen psychischen Feldes auftauchen, welches durch die Überschneidung zweier Subjektivitäten – der des Patienten und der des Analytikers – konstituiert wird« (Atwood und Stolorow, 1984, S. 64).

Die Intersubjektivitätstheorie ist eine Metatheorie der Psychoanalyse. Sie untersucht das Feld – zwei Subjektivitäten innerhalb des Systems, das sie erzeugen und aus dem sie hervorgehen – in allen Formen der psychoanalytischen Behandlung. Aufgrund dieses Fokus schließt die Intersubjektivitätstheorie auch ein kontextualistisches Verständnis von Entwicklung und Pathogenese mit ein:

> Psychische Entwicklung und Pathogenese lassen sich am besten im Rahmen der spezifischen intersubjektiven Kontexte konzeptualisieren, die den Entwicklungsprozeß prägen und dem Kind die Bewältigung kritischer Entwicklungsaufgaben sowie das erfolgreiche Durchlaufen der Entwicklungsphasen erleichtern oder erschweren. Im Zentrum der Beobachtung steht das nach und nach auftauchende psychische Feld, das durch das Zusammenspiel zwischen den unterschiedlich organisierten Subjektivitäten des Kindes und seiner Bezugspersonen konstituiert wird. (Ebd., S. 65)

Die Intersubjektivitätstheorie versucht, das Auftauchen und die Modifizierung von Subjektivität zu beschreiben, und definiert diese Prozesse als prinzipiell relationale Vorgänge.

Es ist wichtig, diese Verwendung der Begriffe »intersubjektiv« und »Intersubjektivität« von einigen anderen, ähnlichen Konzepten zu unterscheiden. Intersubjektivitätstheoretikern geht es erstens um eine Bezogenheit, die zwischen zwei beliebigen Personen als Subjekten bestehen kann. Das heißt, daß sich diese Begriffe nicht primär auf einen Entwicklungsschritt beziehen. Stern (1985) zum Beispiel beschreibt eine Stufe und einen Prozeß, in dem das Kind die Subjektivität der anderen Person zu erkennen beginnt und schließlich wahrnimmt, daß diese Subjektivität mit seiner eigenen in Verbindung steht und auf sie reagiert. Dieses wechselseitige Erkennen erfolgt im intersubjektiven Feld einer Analyse – vor allem bei Patienten, wie sie von Guntrip (1969) und Kohut (1971) beschrieben wurden – unter Umständen sehr spät und unterscheidet sich daher von unserem kontextualistischen Verständnis eines intersubjektiven Feldes.

Zweitens unterscheidet sich die Intersubjektivitätstheorie von der Systemtheorie, wie sie beispielsweise die Theorie familiärer Systeme von Bowen und seinen Mitarbeitern definiert (Kerr und Bowen 1988).[2] Intersubjektivität setzt Subjektivität voraus, genauer: zwei oder mehr Subjektivitäten, und richtet ihre Aufmerksamkeit konsequent auf die Wechselwirkung zwischen unterschiedlich organisierten Subjektivitä-

[2] In einem späteren Kapitel zeigen wir, daß stärker prozeßorientierte Modelle der Systemtheorie mit unserem Blickwinkel gleichwohl vereinbar sind.

ten. Wir können nicht innerhalb des intersubjektiven Feldes arbeiten und gleichzeitig – wie es die Familiensystemtheoretiker versuchen – außerhalb des Feldes stehen, um es aus einer scheinbar übergeordneten Perspektive zu beschreiben.

Diese Unmöglichkeit erklärt möglicherweise auch ein gewisses psychoanalytisches Desinteresse an empirischer Forschung. Positivistische Philosophen wie Grünbaum (1984) und Psychoanalytiker wie Spence (1993) halten die Psychoanalyse für unwissenschaftlich, haben aber den spezifischen, eigentlichen Charakter des intersubjektiven Feldes mißverstanden. Selbst die besten Fallstudien können nur andeutungsweise versuchen, die Atmosphäre, die ein spezifisches intersubjektives Feld erzeugt oder ein analytisches Paar schafft, zu erfassen. Wir müssen die Theorien, die Vorurteile und Grundannahmen überprüfen, die unsere eigene Subjektivität prägen; psychoanalytisch arbeiten und psychoanalytisch verstehen aber können wir nur innerhalb des intersubjektiven Feldes.

Aus ähnlichen Gründen unterscheidet sich die Intersubjektivitätstheorie drittens von der Theorie der Interpersonalität. Die Intersubjektivitätstheorie beschäftigt sich kaum mit interpersonalen Fragen wie derjenigen, was eine Person mit einer anderen macht, mit Einleitungsschritten und Kontrolle. Die Haltung des »teilnehmenden Beobachters«, von der die Interpersonalisten sprechen, setzt unserer Ansicht nach eine äußere Perspektive voraus, die es erschwert, sich mit dem Patienten »in der Situation zu befinden« (Gadamer, 1975b). Wir vertreten die Auffassung, daß sich relationale Kontexte wechselseitig konstituieren: Wie Literaturtheoretiker manchmal sagen, erschafft der Schriftsteller den Leser, und der Leser läßt den Schriftsteller entstehen. Die Intersubjektivitätstheorie interessiert sich zwar für die *Erfahrung* von Interaktion und Urheberschaft, ähnelt aber stärker jenen Strömungen des relationalen Denkens, die das Schwergewicht auf die Entwicklung (Bollas, 1987; Ghent, 1992; Winnicott, 1958) und auf den Austausch zwischen unterschiedlich organisierten und grundsätzlich subjektiven Perspektiven legen (Aron, 1996; Orange, 1995).

Andererseits transzendiert die Intersubjektivitätstheorie das freudianische Menschenbild. Der klassischen Theorie zufolge ist der Mensch ein in sich geschlossenes Bündel mehr oder weniger gut gezähmter sexueller und aggressiver Triebe, von denen sich einige auf »Objekte« richten. Die Intersubjektivitätstheorie versteht den Menschen als Organisator seines Erlebens, als Subjekt. *Sie betrachtet die Psychoanalyse als den dialogischen Versuch zweier Personen, gemeinsam zu verstehen, wie das emotionale Erleben einer dieser Personen organisiert ist, indem sie ihre intersubjektiv konfigurierte Erfahrung zu klären versuchen* (Orange, 1995).

Theoretische Grundkonzepte und ihre Geschichte

Auf der psychoanalytischen Bühne tauchte die Intersubjektivitätstheorie zwar erst vor relativ kurzer Zeit auf, ihre Ursprünge jedoch hat sie in der frühen Phänomenologie. Ebenso wie Freud studierte auch Husserl bei dem Philosophen Brentano, der beharrlich das Erleben des intentionalen Subjekts betonte. Anders als Freud, der – zumindest vorübergehend – dem wissenschaftlichen Empirismus anhing, behaupteten Husserl und spätere Subjektivitätsphilosophen, daß jede Erfahrung subjektive Erfahrung sei.

Die Autoren, welche die psychoanalytische Intersubjektivitätstheorie als erste formulierten, hatten die Persönlichkeitspsychologie (Murray, 1938) rezipiert und selbst über die subjektiven Ursprünge der Persönlichkeitstheorien (Atwood und Stolorow, 1993) geforscht. In Kohuts Werk fanden sie die radikalere Perspektive, nach der sie gesucht hatten. Obwohl Kohut den Austausch zwischen der Psychoanalyse und den übrigen humanwissenschaftlichen Disziplinen begrüßte und förderte, beharrte er darauf, daß sich die psychoanalytische Erforschung ausschließlich auf das subjektive Erleben konzentriere (Kohut, 1959). Er lehnte die Triebtheorie sowie die Metapsychologie im allgemeinen ab und vertrat die Ansicht, daß sich psychoanalytisches Verstehen allein an solchen Daten orientieren könne, die durch Introspektion und

Empathie zugänglich werden. Die Intersubjektivitätstheorie steht bestimmten Aspekten der selbstpsychologischen Theorie kritisch gegenüber, zum Beispiel dem Konzept der umwandelnden Verinnerlichung durch optimale Frustration und dem Konzept eines apriorischen Kernselbst. Sie akzeptiert aber uneingeschränkt das fundamentale Prinzip der Selbstpsychologie, nämlich ihre Definition der Quellen psychoanalytischer Erforschung und psychoanalytischen Verstehens, sowie die Überzeugung, daß Selbsterleben radikal kontextabhängig ist – das heißt, in spezifischen Kontexten der Bezogenheit wurzelt.

Anfang der 80er Jahre verfaßte Bernard Brandchaft, der sich sehr gründlich mit den britischen Objektbeziehungstheorien auseinandergesetzt hatte, seine ersten wichtigen Beiträge zur Entwicklung einer Intersubjektivitätstheorie. Der phänomenologische Ansatz, der aus den in *Faces in a Cloud* (Stolorow und Atwood, 1979) versammelten Untersuchungen mit ihrer konsequenten Betonung der Entwicklung und Aufrechterhaltung der Organisation von Erfahrung hervorging, entwickelte sich so zu einer umfassenden intersubjektivistischen Konzeption. Dieser Sichtweise zufolge entwickelt sich die Individualität des Selbst – einschließlich dauerhafter Persönlichkeits- und Pathologiemuster – im Zusammenspiel von Subjektivitäten, aus dem sie hervorgeht und durch das sie aufrechterhalten wird. Umgekehrt besteht das intersubjektive Feld aus der Bezogenheit zwischen Subjektivitäten – Mutter und Kind, Geschwister, Analytiker und Patient, Ehepaare oder andere Kombinationen. Die Intersubjektivitätstheorie versteht psychische Erkrankungen von den Phobien bis zu den Psychosen vor diesem Hintergrund. Anders formuliert: Sie lehnt es konsequent ab, die Ursprünge oder das Fortbestehen von Psychopathologie allein dem Patienten zuzuschreiben. Diese Sichtweise unterscheidet sich daher von sämtlichen Varianten der Triebtheorie. Weil wir von der Selbstpsychologie und der Phänomenologie gelernt haben, das subjektive Erleben ins Zentrum unserer Aufmerksamkeit zu rücken, unterscheiden wir uns auch von den Interpersonalisten, welche die Ursache für Lebensschwierigkeiten in dem Wunsch des Patienten nach Kontrolle sehen, in stets wiederholten Inszenierungen früherer Beziehungsmuster oder in der Leugnung von Verantwortlichkeit. Im Gegensatz dazu untersuchen wir die intersubjektiven Bedingungen oder den emotionalen Kontext, in dem spezifische subjektive Konfigurationen auftauchen und aufrechterhalten werden.

Die fundamentalen Komponenten der Subjektivität sind unserer Ansicht nach die Organisationsprinzipien, gleichgültig, ob es sich um automatische und rigide oder aber um reflexive und flexible handelt. Diese häufig unbewußten Prinzipien sind sozusagen die emotionalen Schlußfolgerungen, die jemand aus seiner lebenslangen Erfahrung mit der emotionalen Umwelt gezogen hat, und zwar besonders aus den komplexen wechselseitigen Verbindungen zu frühen Bezugspersonen. Bis diese Prinzipien der bewußten Reflexion zugänglich werden und bis neue emotionale Erfahrungen jemanden veranlassen, sich neue Formen des emotionalen Verbundenseins vorzustellen und sie zu erwarten, prägen diese alten Rückschlüsse das Selbstgefühl. Dieses Selbstgefühl umfaßt Überzeugungen in bezug auf die Konsequenzen, die mögliche Formen des Seins auf der relationalen Ebene nach sich ziehen werden, zum Beispiel das Gefühl, sich mit jeder Form der Selbstartikulation oder –differenzierung spöttische oder sarkastische Reaktionen einzuhandeln.

Wir versuchen, psychoanalytische Grundlagenkonzepte wie das Unbewußte in dieser Perspektive zu überdenken. Das »präreflexive Unbewußte« ist der Sitz jener Organisationsprinzipien oder emotionalen Überzeugungen, die automatisch und außerhalb des Gewahrseins operieren. Sie nehmen die Gestalt der emotionalen Rückschlüsse an, die das Kind aus seinem intersubjektiven Erleben in der Herkunftsfamilie zieht. Diese Prinzipien können die wechselseitige Bezogenheit betreffen – »Ich muß mich den Bedürfnissen (Stimmungen, Erwartungen usw.) anderer anpassen, um signifikante emotionale Bindungen aufrechterhalten zu können« – oder sich als fundamentales und gleichwohl intersubjektiv konfiguriertes Selbstgefühl herausbilden: »Ich werde es nie zu etwas bringen«, »Ich bin jedem lästig«, »Ich bin nichts wert und tauge nichts«. Bei solchen Organisationsprinzipien handelt es sich mitunter um direkte »Zitate« der Spitznamen, die Eltern ihren Kindern geben: »Rabauke«, »Heulsuse« oder »Taugenichts«. Häufiger bestehen diese Prinzipien aus emotionalen Rückschlüssen, die das Kind zieht, wenn es aus seinem chaotischen, traumatischen oder in subtilerer Weise verwirrenden frühen und späteren Beziehungserleben irgendwie ein Selbstgefühl zu organisieren versucht.

Auch wir (Stolorow und Atwood, 1992) haben ein dynamisches Unbewußtes beschrieben. Es besteht aus emotionaler Information, die einmal bewußt war und dann isoliert oder vergessen werden mußte, weil sie Konflikte verursachte. Die Erinnerung an sie würde vor allem die Bindung an Bezugspersonen gefährden, auf die das Kind angewiesen ist. Diese Form der Unbewußtheit ist wie in der freudianischen Theorie dynamisch, weil die Auswirkungen solch frühen, der Reflexion nicht verfügbaren Erlebens im Erwachsenenalter immer wieder Schwierigkeiten hervorrufen werden. Einleuchtende Beispiele sind etwa die Erinnerungen an grausames Verhalten der Eltern, die den benötigten Idealisierungen zuwiderlaufen.

Das »unvalidierte Unbewußte« schließlich bezeichnet jene Aspekte des subjektiven Lebens, die vom Subjekt selbst nie umfassend wahrgenommen werden konnten, weil sie nie eine bestätigende Reaktion in der emotionalen Umwelt erfahren haben. Häufig haben Aspekte der eigenen Begabungen und Interessen oder des Charakters sowie der Krisen und Schwierigkeiten des Gefühlslebens nie die Anerkennung gefunden, die notwendig ist, damit solche Anteile für den Betroffenen wirklich real werden können.

Der klinische Austausch

Ein intersubjektives Verständnis der Psychopathologie und des Unbewußten hat wichtige Konsequenzen für die psychoanalytische Praxis. Die Psychoanalyse wird sich aus der gemeinsamen Schaffung einer emotionalen Umwelt, eines intersubjektiven Feldes, aufbauen, in dem jene »Regionen« des Unbewußten gefahrlos gemeinsam erforscht werden können, in denen die problematischen Aspekte der Subjektivität wurzeln. Aus der Wechselwirkung von Übertragung und Gegenübertragung (oder Co-Übertragung, siehe Orange, 1994), der organisierenden Aktivität von Patient und Analytiker in der analytischen Erfahrung, geht das intersubjektive Feld der Analyse hervor. Das vereinte Bemühen, frühere und gegenwärtige organisierende Aktivität als Funktion des Erlebens in bestimmten intersubjektiven Feldern zu verstehen, bedeutet, daß Vergangenheit und Gegenwart immer – zumindest implizit – dialogisch einbezogen sind; bei Patienten, die nicht einmal versuchen können, die Vergangenheit zu verstehen, und keinerlei Zugang zu ihr haben, dauert es mitunter Jahre, bis ein expliziter Dialog zwischen Vergangenheit und Gegenwart einsetzen kann.

Das intersubjektive Feld der Analyse, das durch die emotionale Verfügbarkeit des Analytikers und des Patienten ermöglicht wird, kann diesem als zweite Entwicklungschance dienen (Orange, 1995). Neue, flexiblere Organisationsprinzipien können auftauchen, die nun der Reflexion zugänglich sind und das Erfahrungsrepertoire des Patienten erweitern, bereichern und komplexer gestalten. Unter starkem Streß werden möglicherweise alte Organisationen des Erlebens aktiviert, die das Individuum aber nun bewußt wahrnehmen und relativieren kann, indem es sie auf ihre Ursprünge in früheren Beziehungserfahrungen rückbezieht.

Im weiteren Verlauf dieses Kapitels illustrieren wir den klinischen Austausch unter dem Blickwinkel der Intersubjektivitätstheorie. Unserer Ansicht nach gibt es weder eine besondere Behandlungstheorie noch »technische« Ratschläge, die sich aus der Intersubjektivitätstheorie herleiten ließen. Vielmehr ermöglicht die intersubjektive Perspektive eine allgemeinere Charakterisierung der psychoanalytischen Arbeit aus der Binnensicht jeder spezifischen klinischen Theorie. Weil an jeder Behandlung ein Analytiker mit seinem eigenen Blickwinkel beteiligt ist, entwickeln sich in klassischen, interpersonalen oder selbstpsychologischen Behandlungen (Orange, 1994) sowie bei jedem psychoanalytischen Paar verschiedenartige intersubjektive Felder. Unter klinischem Blickwinkel ist die Intersubjektivität weniger eine Theorie als vielmehr ein bestimmtes Empfindungs- oder Wahrnehmungsvermögen, eine durch kontinuierliche Sensibilität für das unvermeidliche

Wechselspiel zwischen Beobachter und Beobachtetem charakterisierte Haltung, die davon ausgeht, daß wir uns nicht in das Erleben eines anderen hineinversetzen oder -versenken, sondern daß wir uns ihm im intersubjektiven Raum anschließen. Jeder, der sich im intersubjektiven Feld befindet, trägt eine organisierte und organisierende emotionale Geschichte an den Prozeß heran. Das bedeutet, daß die Analyse zwar immer für den Patienten da ist, aber die emotionale Geschichte und psychische Organisation von Patient und Analytiker für das Verständnis des klinischen Austauschs gleichermaßen wichtig sind.[3] Was wir erforschen oder deuten oder unangetastet lassen, hängt davon ab, wer wir sind. Der analytische Prozeß wird, wie der Beziehungstheoretiker Lewis Aron (1996) erklärt hat, gemeinsam, aber auf asymmetrische Weise entwickelt. Einer der Beteiligten stellt sich in erster Linie als Helfer, Heiler und Forscher zur Verfügung. Dem anderen geht es vorrangig darum, Erleichterung für sein emotionales Leiden zu finden. (Die lateinische Wurzel von Patient bedeutet leiden, ausgesetzt sein, ertragen. Möglicherweise hängt das Wort auch mit dem griechischen pathos zusammen.) In dem Entwicklungsprozeß, den wir als Psychoanalyse bezeichnen, übernimmt vorwiegend einer der beiden Beteiligten die Aufgabe, Orientierung zu vermitteln, während der andere sein Erleben auf eine weniger schmerzvolle und kreativere Weise als bislang zu organisieren und zu reorganisieren versucht. Gleichwohl sind beide gleichwertige Teilnehmer an dem auftauchenden Prozeß, den sie gestalten.

Das folgende Fallmaterial illustriert, wie die Erlebensorganisation der Analytikerin mit derjenigen der Patientin interagiert, so daß ein unverwechselbares und aufs engste verflochtenes psychisches System entsteht. Die Theorien dieser Analytikerin, die ein spezifisches Amalgam aus Selbstpsychologie, Bindungstheorie und Intersubjektivitätstheorie bilden, sind immer präsent und formativ. Mehr noch, die persönliche Geschichte prägt und begrenzt die Fähigkeit jedes Analytikers zu empathisch-introspektivem Verstehen; vor allem kann sie seine emotio-

---

[3] Dieses Konzept wird ausführlicher in einem Kapitel zur Co-Übertragung in *Emotionales Verständnis* (Orange, 1995) erläutert.

nale Verfügbarkeit für den individuellen Patienten erweitern wie auch begrenzen. Das bedeutet, daß wir bei der Beschreibung unserer klinischen Arbeit weit offener über uns selbst berichten müssen, als es in der psychoanalytischen Literatur üblich ist. Der hier geschilderte Fall soll nicht als Beispiel für optimale »Technik« dienen. Vielmehr wollen wir demonstrieren, wie die Verbindungen und Brüche zwischen der subjektiven Welt der Patientin und derjenigen der Analytikerin den Behandlungsprozeß mitunter fördern und gelegentlich behindern.

Hintergrund

Kathy, eine 33jährige Universitätsassistentin mit den Spezialgebieten Literaturwissenschaft und Frauenforschung kam nach der letzten Phase schwerer Depressionen in Therapie. Sie hatte eine Behandlung mit Antidepressiva aufgenommen, und das Medikament schien ihr zu helfen, sofern sie die Einnahme nicht vergaß, was aber öfters geschah. Sie war italo-amerikanischer Herkunft und das mit Abstand jüngste von drei Kindern. Die Mutter war an Brustkrebs gestorben, als Kathy sechs Jahre alt war. Sieben Jahre später hatte der Vater erneut geheiratet. Kathy lebte seit einigen Jahren mit ihrem Freund zusammen, der es bedauerte, daß sie nicht lustiger war, und sie für allzu ernst hielt.

Dies ist alles, was wir wußten, als Kathy die Behandlung begann. Niemand in ihrer Familie war bereit gewesen, über die Vergangenheit zu sprechen, und Kathy selbst hatte nicht mehr wissen wollen. Nun aber fühlte sie sich bereit, nach den Gründen ihrer schweren depressiven Schübe zu forschen. Telefonisch und schriftlich nahm sie Kontakt mit dem Krankenhaus auf, in dem ihre Mutter zweimal in der psychiatrischen Abteilung stationär behandelt worden war. Trotz gewaltiger bürokratischer Umständlichkeiten konnte Kathy den Archivverwalter überreden, den Entlassungsbericht ihrer Mutter an die Analytikerin zu schicken. Er traf drei Monate nach Beginn der Behandlung ein. Zu diesem Zeitpunkt hatte die Analytikerin verstanden, daß Kathys Mutter die zentrale Gestalt war, bei der sie in ihrer Phantasie Kraft und Stärke fand. Als die Analytikerin las, daß Kathys Mutter zweimal versucht hatte, ihre Tochter zu töten, bekam sie Angst. Was würde nun geschehen? Wie würde sich das Wissen, daß der wichtigste Mensch in ihrem Leben sie umzubringen versucht hatte, auf Kathy auswirken? Würde sie suizidal werden? Als Kathy zu ihrer Sitzung erschien, beschlossen sie, den Bericht gemeinsam zu lesen. Zuvor aber versicherte die Analytikerin ihr, daß sie nach der Sitzung nicht alleine sein würde. Das Gefühl der Analytikerin, Kathy wie eine jüngere Schwester beschützen zu müssen, begann sich wahrscheinlich zu dieser Zeit zu entwickeln.

Bei der Mutter war Krebs diagnostiziert worden, als Kathy noch ein Säugling war. Sie wurde sehr depressiv, begann, sich »verrückt« zu verhalten, und wurde nach einem Suizidversuch hospitalisiert, als Kathy fünf Jahre alt war. Den Krankenhausunterlagen zufolge – aus denen nicht hervorging, von wem die Information stammte –, hatte die Mutter zweimal versucht, sich umzubringen. Beim erstenmal war Kathy drei Jahre alt gewesen, dann nochmals mit fünf. Die Mutter hatte ihre Tochter »mitnehmen« wollen, das heißt, sie hatte versucht, sie zu töten, damit das Kind nicht (wie sie selbst) mutterlos aufwachsen müßte. Beide Male hatte Kathy sich geweigert, die Tabletten einzunehmen (Patientin und Analytikerin brachten dies mit ihren Schwierigkeiten in Verbindung, die Antidepressiva regelmäßig zu nehmen). Vielleicht hatte Kathy geahnt, daß ihre Mutter sich nicht umbringen würde, wenn ihre kleine Tochter zurückbleiben mußte, und sie zu retten versucht, indem sie die Tabletten nicht schluckte. Kathy konnte sich an diese Vorfälle nicht direkt erinnern, litt aber unter schrecklichen Alpträumen und wiederkehrenden, lähmenden Depressionen.

Später erfuhr sie von ihren Brüdern, daß die Mutter das mittlere Kind mit einem Gürtel verprügelt hatte, der immer in der Küche hing. Kathy erinnert sich an den Gürtel – und daran, von ebendiesem Bruder gequält worden zu sein. Sie selbst blieb vor dem Zorn der Mutter offenbar verschont. Nach deren Tod kümmerte sich der älteste Bruder um Kathy, heiratete aber, als sie dreizehn Jahre alt war, und verließ das Haus. Auch der Vater ging zu dieser Zeit eine neue Ehe ein. Kathy wurde zwischen ihrem siebten und dreizehnten Lebensjahr nahezu täglich von einem älteren Cousin, der in der Nähe wohnte, sexuell mißbraucht. In der Überzeugung, etwas Schreckliches zu tun, traute sie sich nicht, irgend jemandem davon zu erzählen. Als sie jedoch später, während der Behandlung, umzog, fand sie ein Tagebuch, das sie im Alter von vierzehn Jahren geführt hatte, und brachte es ihrer Analytikerin mit. Immer wieder hatte sie sich ihre Sehnsucht nach »Mama« von der Seele geschrieben; ihr war bewußt, daß der Inzest ihre Fähigkeit beeinträchtigte, Jungen zu trauen, und sie beschrieb ihren Wunsch, tot zu sein. All dies hatte sie vergessen; sie hatte nicht einmal mehr gewußt, daß dieses Tagebuch überhaupt existierte. Nach dieser Sitzung erinnerte sie sich daran, daß sie es der Analytikerin mitgebracht hatte, sein Inhalt aber war aus ihrem Gedächtnis verschwunden, und sie wirkte überrascht, als die Therapeutin erneut darauf zu sprechen kam.

In den ersten Behandlungsjahren mußte die Analytikerin Kathy häufig an ihre Geschichte – sowohl an die lang zurückliegende als auch an die jüngste Vergangenheit – erinnern, die sie mal zu wissen und mal nicht zu wissen schien. Kathy brachte ein Problem zur Sprache: »Ich kann nur Sex haben, wenn ich mich innerlich absentiere.« Patientin und Analytikerin suchten gemeinsam nach Bedeutungen – in diesem Fall hatte Kathy den Inzest und eine Vergewaltigung während ihrer Collegezeit vollständig vergessen –, und sie verließ die Sitzung in dem Gefühl, sich Aufklärung verschafft zu haben. Manchmal, so auch in diesem konkreten Fall, verschwand das Symptom. Dann sagte sie, daß es ihr gut gehe und sie sich frage, weshalb sie überhaupt in Behandlung sei. »Oh, aber der Samstag war ganz schlimm – ich war so depressiv, daß ich den ganzen Tag lang nicht aus dem Bett kam.« Dann begannen das verwunderte Nachdenken und der Erinnerungsprozeß erneut. Wenn die Analytikerin andeutete, daß Kathy einen sehr schweren Start ins Leben gehabt hatte, wirkte sie überrascht: »Oh, meinen Sie wirklich?«

Die Analytikerin hatte eine ähnliche und gleichzeitig andere Biographie. Sie war das älteste Kind in einer Familie voller Probleme gewesen, hatte sich um neun Geschwister gekümmert und dank harter Arbeit, intensiver Lektüre und Dissoziation überlebt. Wie Kathy fiel es ihr schwer, sich an frühe Schwierigkeiten zu erinnern und sie mit den Gefühlen, die sie in der Gegenwart empfand, zu verbinden. Ein besonderer Schnittpunkt bestand darin, daß die Analytikerin ihr Elternhaus verlassen hatte, als ihre jüngsten Schwestern drei und fünf Jahre alt waren. Damals war sie davon überzeugt gewesen, diese Geschwister in einer schrecklichen Situation allein zurückzulassen. Kathy – die als Drei- und Fünfjährige fast gestorben wäre – weckte in ihr sehr ähnliche Gefühle, wie sie sie für ihre jüngeren Schwestern empfand. Sie aktivierte die Fürsorglichkeit und den Beschützersinn der Analytikerin. Obwohl Kathy von deren Geschichte nichts wußte, nahm sie die Analytikerin spontan als verwandte Seele, als »wilde Frau«, wie sie es nannte, wahr. Sie entwickelten einen gemeinsamen Humor – die vertraulichen Witze, die oft Teil des spezifischen intersubjektiven Feldes sind. Kohut hätte dies vielleicht als »Zwillingsübertragung« bezeichnet und damit zweifellos recht gehabt; entscheidend ist, daß das individuelle Selbsterleben der Analytikerin das besondere intersubjektive Feld dieser Behandlung, das heißt die Art und Weise, wie Patientin und Analytikerin zusammen spielten und arbeiteten, in ungemein hohem Maße mitgestaltete. Das klinische Material ist nicht dramatisch, die Fragen und Reaktionen der Analytikerin aber – Fragen sind eine Form der Reaktion, die den Charakter und die Grenzen der emotionalen Verfügbarkeit und des emotionalen Verständnisses eines Analytikers zum Ausdruck bringt – waren durch eine spezifische Subjektivität geprägt. Sie repräsentierten keineswegs eine bloße Anwendung sogenannter technischer Regeln.

Der unzusammenhängende Charakter der Gespräche ist typisch für die Arbeit mit stark dissoziierten Patienten. Er erschwert es dem Leser, dem Sitzungsverlauf zu folgen, versetzt ihn aber gleichzeitig in den emotionalen Kontext der Begegnung mit Kathy.

Der wichtigste Aspekt dieser Behandlung besteht unter einem intersubjektiven Blickwinkel darin, daß die Analytikerin sich ihrer eigenen Dissoziation bewußt blieb, sie konsequent zu bearbeiten versuchte und es auf diese Weise auch Kathy ermöglichte, sich ihrer Dissoziation bewußt zu werden und unermüdlich daran zu arbeiten. Wir könnten diesen empathischen Prozeß mit einem analogen Suchen vergleichen, und zwar in dem Sinn, daß Kathys Dämonen (eine andere Patientin sprach von »Trollen«) – oder ihre automatischen Organisationsformen emotionalen Erlebens – der Analytikerin bereits vertraut waren. Ein zweiter Punkt ist der, daß die Analytikerin mit und in ihrer eigenen Geschichte emotional verfügbar sein mußte, um zusammen mit Kathy deren traumatische Geschichte nachzuerleben. Auf diese Weise wurde es möglich, Kathy dabei zu helfen, diese Geschichte und ihre Auswirkungen zu integrieren und ein relativ kontinuierliches und kohärentes Selbstgefühl sowie Selbstachtung zu entwickeln.

Sitzung zu Beginn des zweiten Jahres

Kathy: [In verwirrtem Ton] Ich war die ganze Zeit über mehr oder weniger depressiv, es ging auf und ab – wie gefangen – nicht furchtbar schlimm. Brian [ihr Partner] war wirklich lieb. Merkwürdig, nicht dort zu sein. Hausarbeit – es war so schrecklich, wenn ich unter Tims [ihr acht Jahre älterer Bruder] Anleitung Hausarbeit machen mußte...

Analytikerin: [Sucht nach Auslösern für die Depression und die unzusammenhängende Redeweise] Hausarbeit – können Sie mir mehr darüber erzählen?

Kathy: [Noch immer verwirrt] Ich verstehe nicht, weshalb ich überhaupt nichts fühle.

Analytikerin: [Sucht nach einem Kontext] Wie in den beiden letzten Sitzungen – zu Beginn, als Sie gar nicht wußten, weshalb Sie überhaupt herkommen.

Kathy: [In etwas lebhafterem Ton] Ich hatte letzte Woche ein interessantes Gespräch mit meinem Freund Jim. Er meint, daß mißbrauchte Kinder sich selbst die Schuld geben, weil normale Kinder von Natur aus gerne schmusen und Körperkontakt suchen, und er hat gelesen, daß die Berührungsrezeptoren im Gehirn von kleinen Kindern besonders sensibel sind. Er hält diese natürlichen Bedürfnisse für den Grund, weshalb wir uns selbst die Schuld daran geben, wenn uns andere Menschen, wer auch immer, angefaßt haben. Was halten Sie davon?

Analytikerin: Nun, wir wissen, daß Babys und Kinder Berührung brauchen und gehalten werden müssen. Glauben Sie, daß sich Kinder, die geschlagen oder sexuell mißbraucht werden, schämen oder Schuldgefühle bekommen, so als hätten sie »darum gebeten«, weil es ihre natürlichen Bedürfnisse sind?

Kathy: Ja, vielleicht kann man es sich deshalb nicht von der Seele reden oder sich sagen, daß es nicht die eigene Schuld ist, selbst wenn man es eigentlich besser weiß.

Analytikerin: Was ist der Hauptgrund dafür, daß Sie so empfinden?

Kathy: Mein Cousin, vermute ich... Ich wünschte, ich könnte mich besser an meine Mutter erinnern, wie sie aussah, ihren Gesichtsausdruck. Ich habe kaum noch Erinnerungen – ich weiß, daß sie rotes Haar hatte, jede Menge Sommersprossen, und jeder sagt, daß ich die gleiche Figur habe wie sie. [Die Analytikerin vermutete, daß dieser Wechsel vom Cousin zur Mutter mit dem Gefühl zusammenhing, das Kathy als Kind in ihrem Tagebuch zum Ausdruck gebracht hatte. Hätte ihre Mutter noch gelebt, so hätte sie Kathy möglicherweise vor dem Inzest schützen können. Deshalb versuchte Kathy bei der Erinnerung an den Mißbrauch sofort, sich erneut eine Verbindung zur Mutter aufzubauen.]

Analytikerin: Aber Ihnen sind nicht viele Eindrücke von ihrer Persönlichkeit geblieben, oder wie sie sich Ihnen gegenüber verhielt? [Sie versucht, ihr zu helfen, Worte für den Verlust zu finden.]

Kathy: Nein, ich wünschte, ich könnte mich erinnern.

Analytikerin: Inwiefern würde Ihnen das helfen?

Kathy: Dann könnte mir das Kind leid tun, das ich war, und ich müßte nicht diese Stimme hören: HÖR AUF, DICH SELBST ZU BEMITLEIDEN.

Analytikerin: Wessen Stimme ist das?

Kathy: Genau das frage ich mich auch. Wie kann ich mich erinnern? Ich habe es sosehr versucht. [Wirkt hilflos.]

Analytikerin: [Wechselt in einen didaktischen Modus und versucht, ihr zu helfen, sich zu orientieren – sowohl die Analytikerin als auch die Patientin waren Lehrerinnen.] Nun, es gibt viele Möglichkeiten – Träume, Ihr Schreiben und Ihre Lyrik, flüchtige Gedanken, und manchmal das, was zwischen Ihnen und mir passiert.

Kathy: Was meinen Sie?

Analytikerin: Manchmal wird es sich so anfühlen, als sei ich jemand, der wichtig für Sie war, vielleicht jemand, der Sie verletzt hat, und das kann eine Möglichkeit sein, sich zu erinnern. Ich könnte zum Beispiel etwas sagen oder tun, das dann bestimmte Erinnerungen weckt.

Kathy: Sie verletzen mich nicht. Aber manchmal denke ich: Ich brauche das gar nicht. Weshalb komme ich hierher? Wovon redet sie, all diese schlimmen Dinge soll ich erlebt haben? Mir geht es doch gut. Später in der Sitzung kommen wir dann an die Sachen heran. [Ein Kollege wies die Analytikerin darauf hin, daß Kathy panische Angst davor habe, sich an sie zu binden, daß sie sich nach dieser Bindung sehne und sich zutiefst dafür schäme.]

Analytikerin: Weshalb geschieht das Ihrer Meinung nach?

Kathy: Ich weiß nicht.

Analytikerin: [Versucht, Hilfestellung zu geben, so wie Orange (1995) es in ihrem Kapitel über die emotionale Verfügbarkeit beschreibt. Die Mutter oder die Therapeutin lassen sozusagen Versuchsballons steigen, die das Kind beziehungsweise der Patient ausprobieren kann. Der Beitrag der Analytikerin zu diesem intersubjektiven Dilemma resultierte vermutlich aus der Erwartung, daß sich unmöglich irgend jemand an sie würde binden wollen – ein Resultat des eigenen Entwicklungskontextes der Analytikerin. So brauchte sie lange, um Bindungsbedürfnisse wahrzunehmen, vermied unbewußt das Bindungsthema und übersah einige der in der Übertragung wurzelnden Auslöser für die Dissoziationsphänomene.] Hier bei mir – Ihrem »Erinnerungsdepot« – zu sein, erinnert Sie vielleicht an Situationen, in denen Sie sich so überwältigend schlecht fühlten, daß Sie sich von sich selbst distanzieren mußten, um nicht den Verstand zu verlieren. Oder neulich, als Sie sich beim Sex innerlich absentieren mußten. Was meinen Sie?

Kathy: Irgendwie könnte diese Richtung stimmen. Vielleicht habe ich Angst vor dem, was ich fühlen werde, wenn ich mich nicht ausschalte oder innerlich wegtrete, bevor ich herkomme. Ich will mich erinnern, aber ich habe schreckliche Angst davor...

Zwei Jahre später (nach einer dreiwöchigen Pause)

Kathy: Wie geht es Ihnen? Wie waren Ihre Ferien?

Analytikerin: Gut, sehr gut. Wie ist es Ihnen ergangen?

Kathy: Ach ja, es war okay. Ich weiß nicht, was los ist. Ich kann nichts fühlen. Ich weiß nicht, warum ich hier bin. [Gleiches Unbehagen wie vorher.] Ich habe mir überlegt, die Stunden zu reduzieren, weil ich okay bin. Es geht mir wirklich viel besser. Ich habe beschlossen, regelmäßig *Zoloft* [Antidepressivum] einzunehmen. Wenn ich es vergesse, bin ich wieder ganz unten. Ich komme kaum aus dem Bett oder höre nicht auf zu weinen. Aber ich weiß nicht, worüber ich hier sprechen soll.

Analytikerin: Die grundlegenden Schwierigkeiten sind also noch immer vorhanden? [Kathy nickt.] Aber wir haben den Kontakt in den letzten Wochen soweit verloren, daß Sie sich keine Möglichkeit vorstellen können und kein Gefühl mehr dafür haben, weiter mit mir zu arbeiten? [Wieder erfaßt die Analytikerin nicht, wie gefährlich Kathys Bindungssehnsüchte für sie sind und wie diese die dissoziativen Zustände auslösen.]

Kathy: Ich weiß noch nicht einmal, was es ist. Ich werde nur einfach furchtbar depressiv.

Analytikerin: Und wenn es Ihnen dann besser geht und Sie nicht die ganze Zeit über im Bett bleiben müssen, dann ist alles okay?

Kathy: Nein, so gesehen nicht. Ich bin immer noch niedergeschlagen über das, was bei der Arbeit passiert ist. Es war so furchtbar, und es ist ja auch noch nicht so lange her. [Sie hatte diese Geschichte kurz vor den Ferien erzählt.]

Analytikerin: Sie meinen Ihren Kollegen, der zu Ihnen kam, und Sie wußten nicht, was Sie tun oder wie Sie »Nein« sagen sollten.

Kathy: [Sehr betrübt.] Ich kann nicht glauben, daß ich nicht wußte, was ich tun sollte. Es ist mir so peinlich, und ich schäme mich so. Ich habe es einfach geschehen lassen. Ich verstehe mich selbst nicht, und selbst wenn es so wäre, könnte ich es nicht erklären, denn das wäre dann so, als suchte ich nach einer Entschuldigung, und so etwas ist einfach nicht zu entschuldigen. Und ich habe es einfach geschehen lassen wie so viele Male vorher.

Analytikerin: Sie machen sich also Sorgen darüber, wie Sie mit diesem Kollegen weiterhin umgehen sollen, aber noch mehr beunruhigt es Sie, weshalb Sie so etwas zulassen.

Kathy: Ja, ich fühle mich einfach völlig hineingezogen. Irgendwo in meinem Inneren weiß ich, daß das, was passiert, absolut falsch ist, aber in der konkreten Situation kann ich dieses Wissen nicht umsetzen. [Sie klingt verwirrt.] Ich gebe völlig gedankenlos nach und fühle mich hinterher ganz schrecklich.

Analytikerin: Es erinnert mich an Ihre Träume, in denen Ihre Beine wegsacken. [Ein Thema, das in ihren Träumen vor allem in solchen Situationen immer wieder auftauchte, in denen sie einer Gefahr zu entkommen suchte oder Kritik an jemandem üben wollte. Die Analytikerin hatte mit Kathy oft und eingehend über diesen Aspekt ihrer Träume gesprochen.]

Kathy: Ja, es ist genauso.

Analytikerin: Als ob Sie den Teil Ihrer selbst nicht benutzen könnten, der einer Situation zu entkommen versucht, die für Sie gefährlich ist oder in die Sie sich hineingezogen fühlen.

Kathy: Aber warum ist das so? Ich begreife es einfach nicht.

Analytikerin: Nun, erinnern wir uns doch einmal an andere Situationen in Ihrem Leben, in denen Sie sich hilflos und unfähig fühlten, das, was passierte, zu verhindern, selbst wenn Sie spürten, daß etwas furchtbar falsch war. Als Sie klein waren, haben Sie ihre Mutter nackt auf die Straße laufen sehen, und einmal waren Sie dabei, als Ihre Mutter Ihren Vater mit einer Axt bedrohte.

Kathy: [Mit entsetztem Gesichtsausdruck:] Diese Dinge hatte ich ganz vergessen. Aber ich sehe einfach keinen Zusammenhang.

Analytikerin: Okay. Denken wir doch einmal an das Gefühl, das Sie hatten, als Sie von Anthony beinahe tagtäglich, sieben Jahre lang, mißbraucht wurden. Sie haben gespürt, daß es nicht richtig war, wußten aber nicht, wie Sie dem ein Ende setzen konnten, und hatten auch niemanden, dem Sie sich hätten anvertrauen können?

Kathy: [Nickt nachdenklich.] Ja, es ist wie damals. Es fühlt sich genauso an. Ich glaube, ich muß diese Dinge noch gründlicher bearbeiten, Ihnen mehr darüber erzählen, aber es fällt mir so schwer. Ich will nicht daran denken.

Analytikerin: So viel Scham?

Kathy: Oh ja. Nun, ich denke, ich werde weiterhin zu Ihnen kommen. Ich muß diese Arbeit hinter mich bringen. Ich kann nicht so bleiben, wie ich bin. Ich gerate immer wieder in Schwierigkeiten und lasse es zu, daß man mich verletzt.

Analytikerin: Dann kommen Sie also nächste Woche?

Kathy: Oh ja.

Kathy verpaßte die beiden nächsten Sitzungen, rief aber an, um der Analytikerin mitzuteilen, daß ihr die Termine erst eingefallen seien, als sie schon fast zu Hause war und es zu spät war. Als sie dann kam, berichtete sie unter Qualen von ihren Erinnerungen an den Inzest. Sie erinnerte sich auch, daß der Cousin manchmal seine Freunde mitgebracht hatte und die Jugendlichen sie auf dem Boden festhielten. Sie war überzeugt, es nie wieder zuzulassen, daß sie jemand sexuell mißbrauchte, und dieses Gefühl bedeutete eine ungeheure Erleichterung.

Kommentar

Unter einem intersubjektiven Blickwinkel bezieht die gesamte klinische Arbeit das Feld mit ein, das durch das Zusammenspiel von zwei subjektiven Welten gebildet wird und in dem sie stattfindet. In unserem Beispiel weisen Patientin und Analytikerin Ähnlichkeiten und Unterschiede auf und ergänzen einander. Durch das ähnliche dissoziative Erleben wurde der analytische Prozeß sowohl gefördert als auch beeinträchtigt. Einerseits ermöglichte das sensible Gespür der Analytikerin für Dissoziationsphänomene einen hilfreichen und brauchbaren Fokus und einen Deutungsansatz oder -blickwinkel. Andererseits fiel es der Analytikerin schwer, zu berücksichtigen oder zu erkennen, daß dissoziative Prozesse in der Übertragung durch gefährliche oder schamweckende Bindungssehnsüchte ausgelöst wurden, weil die Analytikerin selbst sich nicht vorzustellen vermochte, daß sie für die Patientin von einer derart zentralen Bedeutung war – ein Erbe ihrer eigenen Geschichte und der Traumatisierung, der sie in ihrer Entwicklung ausgesetzt gewesen war.

Kathy und ihre Analytikerin ähneln sich zwar hinsichtlich der Dissoziationstendenzen und auch in bezug auf zahlreiche Neigungen und Interessen; unterschiedlich aber war ihre Position in ihren Herkunftsfamilien, und auch die Art und Weise, wie sie ihr Erleben organisierten, weist in vielerlei Hinsicht Unterschiede auf. Ihre Gemeinsamkeiten ermöglichten es ihnen, einen Raum zu schaffen, in dem sie das Unglaubliche zusammen erforschen konnten, um es unter unterschiedlichen Blickwinkeln zu erfassen und schließlich damit anzufangen, es zu integrieren. Die Analytikerin könnte der große Bruder sein, der Kathy nicht mißbrauchte und an den sie sich wandte, wenn sie Schwierigkeiten hatte, oder der große Bruder, dem sie aus dem Weg gehen mußte und der sie »zur Arbeit antrieb«. Nach und nach wird es ihnen gelingen, Kathys tiefe Überzeugung, daß die Bindung an eine ältere Frau gefährlich sei, anzuerkennen und zu reorganisieren. Was sie gemeinsam tun, ist das Ergebnis ihres Erlebens in dem unverwechselbaren intersubjektiven Feld, das sie zusammen erschaffen.

Man könnte einwenden, daß nichts in dieser Behandlung für die intersubjektive Perspektive spezifisch sei. Das trifft zweifellos zu. Die Intersubjektivitätstheorie ist keine Zusammenstellung von Ratschlägen oder Vorschriften für die klinische Arbeit. Sie ermöglicht ein Wahrnehmungsvermögen, das kontinuierlich das unvermeidliche Wechselspiel, das sich in jeder Psychoanalyse grundsätzlich zwischen den beiden Subjekten vollzieht, berücksichtigt. Sie lehnt die Vorstellung entschieden ab, daß die Psychoanalyse etwas sei, das ein isolierter Geist mit einem anderen macht, oder daß Entwicklung etwas sei, das jemand tut oder nicht tut. Intersubjektiv zu arbeiten bedeutet, im Dienste der Heilung gemeinsam zu forschen. Jeder Analytiker schafft mit jedem Patienten die Gelegenheit – häufig, wie in unserem Beispiel, die erste Gelegenheit –, ein quälendes und verwirrendes Leben zu integrieren und ihm Sinn zu geben.

2

Jenseits der Technik

Psychoanalyse als eine Form der Praxis

Genuine Schöpfung ist genau das, wofür wir keine vorgeschriebene Technik und kein Rezept haben.

W. Barrett
The Illusion of Technique

Viele Beobachter der Psychoanalyse und auch etliche Psychoanalytiker selbst haben die Ansicht vertreten, daß Freud einen Fehler beging, indem er seinen kreativen Versuch, emotionales Leiden zu verstehen, als eine Wissenschaft in der Tradition der Naturwissenschaften deklarierte (Bouveresse, 1995). Geringer ist die Zahl der Kritiker, die bemerkt haben, daß Freud und seine Schüler darüber hinaus auch die psychoanalytische Praxis als eine Technik mißverstanden haben. Diese beiden Mißverständnisse hängen miteinander zusammen, denn beide gehen sie von der Annahme aus, daß sämtliche relevanten Variablen kontrollierbar seien; seit der Formulierung der Unschärferelation in der Physik ist uns indes klar, daß diese Bedingung nicht einmal im Bereich der Materie absolut gegeben ist. Praxis ist vielmehr charakteristisch für die Arbeit mit Menschen, die denken und fühlen. Der Bereich des Geistigen ist von Grund auf unvollständig, unbegrenzt und offen. Er ist das Feld der Praxis oder, wie Aristoteles gesagt hätte, der praktischen Klugheit. Obwohl die klassischen Prinzipien der multiplen Funktion und der Überdeterminiertheit diesen Unterschied zwischen Materie und Geist ebenso respektieren wie die zeitgenössische, beziehungstheoretisch orientierte Psychoanalyse mit ihren »postmodernen«

Einstellungen, hat sich das Verständnis der klinischen Arbeit als einer Technik bis heute behauptet – mit ungemein nachteiligen Konsequenzen. In den folgenden Kapiteln illustrieren wir unseren alternativen Ansatz, über klinische Arbeit nachzudenken.

Techne ist die griechische Bezeichnung für jene Art des Wissens, das man benötigt, um etwas herzustellen (Aristoteles). Sie beschreibt sowohl die expliziten Regeln als auch das stillschweigende Wissen (Polanyi, 1958), das in die Ausübung eines Handwerks – seien es Tischler- oder Klempnerarbeiten oder die Chirurgie – eingeht. Technik unterscheidet sich von der Kunst und Wissenschaft, wenngleich Zusammenhänge bestehen und technische Fertigkeiten häufig eine notwendige, jedoch nicht hinreichende Voraussetzung sowohl für die künstlerische als auch für die wissenschaftliche Tätigkeit sind.[4] Wenn wir sagen, ein Künstler besäße großes technisches Geschick, kaschieren wir häufig eine vernichtende Kritik durch ein oberflächliches Lob. Wir stellen die überlegene Technik der künstlerischem Leistung gegenüber.

Technik ähnelt, wie Barrett (1979) zeigte, jenen automatischen Entscheidungsprozeduren, wie wir sie von einer gut funktionierenden Maschine erwarten. Er schreibt:

> Von einer Maschine dieser Art erwarten wir lediglich, daß sie die ihr eingeschriebenen Routinen durchläuft. Das letzte, was wir uns von ihr wünschen, wäre, daß sie in irgendeiner Weise kreativ oder erfinderisch würde. Wenn unser Auto morgens beim Anlassen so klingt, als ginge es um Improvisation oder Erfindungsgeist, ist es gewöhnlich an der Zeit, den Wagen zu verkaufen. (S. 23)

Ein Ideal der modernen Naturwissenschaft, das unser Feld stark beeinflußt hat, betrifft exakt diese Reduktion des Denkens auf ein methodisches Überprüfen von Hypothesen. Der kreative Prozeß, der an

---

[4] Gadamer (1975b) erklärt, daß sich die frühe Hermeneutik als Regelwerk der Textinterpretation verstand, während die Praxis des Verstehens den Gegenstand der modernen Hermeneutik ausmache. In der modernen Wissenschaft hat, so meint er, »der Begriff der Technik den der Praxis [...] an den Rand gedrängt« (S. 518).

der Entwicklung der Hypothesen selbst beteiligt ist, wird so zu einer unsichtbaren Beigabe von Methode und Technik.

Freud erklärte die Psychoanalyse zur Naturwissenschaft, da er ihr den gleichen Respekt verschaffen wollte, den die naturwissenschaftlichen Disziplinen seiner Zeit genossen.[5] Er sah, daß wissenschaftliche Kenntnisse häufig mit entsprechenden technischen Applikationen verbunden sind, und war von Anfang an überzeugt, daß die psychoanalytische Arbeit aus Techniken bestehe. So bezeichnete er zum Beispiel die Traumdeutung häufig als eine Technik (Freud, 1900a). Als er später darum kämpfte, seine junge »Naturwissenschaft« vor Skandalen zu bewahren, formulierte er technische Ratschläge, welche die Anonymität, die Abstinenz, die Neutralität und die Benutzung der Couch betrafen. Von Freudianern und Kleinianern weiterentwickelt (Bergmann und Hartman, 1976; Etchegoyen, 1991), wurden jene Ratschläge zu Regeln, die als unser kollektives »psychoanalytisches Über-Ich« bis heute überdauert haben. Trotz der kreativen Gährungsprozesse und Meinungsverschiedenheiten in den eigenen Reihen, die mit Ferenczi begannen und sich in der Gegenwart fortsetzen, haben diese Regeln als eine Art psychoanalytisches Rückgrat gedient und für stark divergierende Schulen des psychoanalytischen Denkens häufig den »gemeinsamen Boden«, um Wallersteins Formulierung zu verwenden, gebildet. Wenn man die Couch benutzt, wenn man seine Patienten viermal pro Woche oder häufiger sieht, wenn man sich neutral und anonym

---

5 Wie so viele moderne Denker nach Descartes glaubte Freud an die Einheit der Wissenschaft. Descartes verglich alles Wissen (oder die Wissenschaft insgesamt) mit einem Haus, das ein tragfähiges Fundament benötige, und einem Baum, der ohne gesunde Wurzeln nicht überleben kann. Wenn die Grundlagen nicht solide und sicher seien, dann sei es um das übrige Wissen einschließlich der produktiven und praktischen Bereiche nicht anders bestellt. Das bedeutete, daß sämtliche Disziplinen nach derselben Art von Wahrheit und demselben Grad an Gewißheit streben sollten. Aristoteles hingegen war wie viele zeitgenössische Denker der Ansicht, daß jede Art von Untersuchung mit einem angemessenen Grad an Gewißheit verbunden sei; er nahm insbesondere an, daß die – zum Beispiel der Mathematik angemessenen – Methoden, die Exaktheit voraussetzen, für die Politik, die Ethik oder Ästhetik ungeeignet seien.

verhält, und wenn man auch Abwehr und Übertragung analysiert, dann arbeitet man psychoanalytisch. Allmählich erst werden Stimmen laut, welche die Klugheit oder die universale Anwendbarkeit einiger dieser »technischen« Regeln ernsthaft in Frage stellen.

Wir vertreten jedoch eine noch schwerer wiegende und radikalere These, weil wir nämlich behaupten, daß die gesamte Konzeption der Psychoanalyse als Technik verschroben ist – um eine unter Philosophen sehr beliebte Charakterisierung zu verwenden – und gründlich überdacht werden muß. Selbst in den sogenannten Zwei-Personen-Psychologien beruht diese Konzeption auf der Annahme, daß ein cartesianischer isolierter Geist, der Analytiker, mit einem anderen isolierten Geist, dem Patienten, etwas macht und umgekehrt. In einem früheren Beitrag (Stolorow und Atwood, 1992) haben wir die auf der Theorie des isolierten Geistes beruhenden Grundannahmen einer ausführlichen Kritik unterzogen. Wir haben die These vertreten, daß »die Entwicklung persönlicher Erfahrung immer innerhalb eines kontinuierlichen intersubjektiven Systems stattfindet« (S. 22).

> Die intrinsische Einbettung des Selbsterlebens in intersubjektive Felder bedeutet, daß unser Selbstwertgefühl, unser persönliches Identitätsgefühl, ja sogar das Erleben einer eigenständigen und fortdauernden persönlichen Existenz kontingent sind mit spezifischen stützenden Beziehungen zur menschlichen Umwelt. (S. 10)

Wir behaupten auch, daß das instrumentalistische Technikverständnis leidende Menschen auf die Mechanismen der klassischen Metapsychologie reduziert. Dieses Relikt des positivistischen Reduktionismus behandelt Menschen als Gehirne oder neuronale Netzwerke. (Angesichts der Hartnäckigkeit, mit der es in der medizinischen Denkweise insgesamt überdauert hat, überrascht es nicht, daß die erste Reaktion auf jedes Problem in der Verabreichung von Medikamenten besteht – eine technische Reaktion auf ein mutmaßlich mechanisches Problem.) In einem späteren Kapitel illustrieren wir einige der Auswirkungen, die eine solche technische Mentalität für Menschen, die psychotische Prozesse durchleben, nach sich ziehen kann.

Trotz all dieser Einschränkungen ist das Konzept der Technik fest, wenn nicht gar unverrückbar, in den psychoanalytischen Diskurs eingebettet. Eine treffliche Ausnahme bildet eine jüngere Arbeit von Louis Fourcher (1996) über die Probleme, die der intellektualistischen Konzeption des Rationalismus, wie sie der Großteil der psychoanalytischen Literatur vertritt, inhärent sind.

> Etabliert wird eine Dichotomie des Wissenden und des Erkannten, die wiederum eine Diskontinuität von Wissen und Handeln voraussetzt. Wissen ist daher nur unilateral an Handeln gebunden, nämlich durch die Objektivierung der Aktivität des Therapeuten als »Technik« oder durch die Objektivierung der Aktivitäten des Patienten als Ausdruck einer theoretisch formulierten konzeptuellen Logik oder »Regel«. Techniken werden demnach mit den Aktivitäten oder Deutungen angewandt, die durch die theoretisch organisierten Verfahrensregeln vorgegeben sind. (S. 524)

Der Begriff der Technik beläßt uns, anders formuliert, in einem cartesianischen Dualismus mit einem übertrieben intellektualisierten Deutungskonzept. Eine solche Deutung wird dann dem emotionalen Verstehen gegenübergestellt – oder zumindest von ihm isoliert –, das zwangsläufig ihren Kontext bildet und ihr in der psychoanalytischen Situation Bedeutung verleiht.

Das Konzept der psychoanalytischen Technik

Eine kritische Sichtung der umfangreichen, unseren Rahmen sprengenden Literatur zur psychoanalytischen Technik läßt eine ständige Spannung zwischen dem Festhalten an Regeln und der Forderung nach Flexibilität deutlich werden. Ihren ersten Ausdruck fand diese Forderung in dem kreativen Pragmatismus Ferenczis, der sich offenkundig an der Maxime orientierte: »Wenn das, was du machst, nicht funktioniert, gib nicht dem Patienten die Schuld; versuche herauszufinden, was schief geht, und probiere etwas anderes aus.« Bedauerlicherweise wirkte dieser Pragmatismus, der auch eine Fehlbarkeit des Analytikers einräumt, auf Freud und viele seiner Nachfolger derart beunruhigend, daß Ferenczis Experimentiergeist der Psychoanalyse verlorenging und erst seit wenigen Jahren zaghaft wieder auftaucht. Die meisten von uns haben konsequent Freuds »Regeln«, um einige wenige Aktualisierungen ergänzt, gelernt. Zwar gab es für Patienten mit besonderen Beeinträchtigungen, die es ihnen unmöglich machten, sich der strengen, orthodoxen psychoanalytischen Behandlung zu unterziehen, »Parameter« (Eissler, 1958) oder einen Regeldispens,[6] aber durch diese Ausnahmen wurden die Regeln an sich nicht in Frage gestellt. Nicht einmal Winnicotts Werk und die in ihm repräsentierte kindertherapeutische Haltung hat an diesem Technikverständnis wirklich etwas verändert.

Auch wenn Bergmann wahrscheinlich zu Recht behauptet, daß die psychoanalytische Technik nie ein statisches Gebilde war, sondern sich entwickelt hat, sind wir der Ansicht, daß das *Konzept* der Technik unverändert geblieben ist und nach wie vor einen schädlichen Einfluß auf die Praxis der Psychoanalyse und auf das psychoanalytische Denken ausübt. Neben Fourcher gibt es unseres Wissens nur wenige psychoanalytische Autoren, die an der Angemessenheit des »Technik«begriffs für den psychoanalytischen Diskurs zweifeln. Es gibt Tagungen und Zeitschriftenhefte, die ausschließlich der »Technik« gewidmet sind, und vor etlichen Jahren erschien Etchegoyens (1991) monumentales und umfassendes Kompendium zu ebendiesem Thema.

Gleichwohl muß ein intersubjektives Verständnis der Psychoanalyse dieses beinahe universal verbreitete Konzept hinterfragen. Der Technikbegriff impliziert die Vorstellung, daß es ein angemessenes und »richtiges« Verfahren gäbe. Der primäre Zweck sämtlicher technischer Regeln besteht grundsätzlich darin, Gehorsam zu induzieren und den Einfluß der individuellen Subjektivität auf die anstehende Aufgabe zu reduzieren. Selbst Kohut (1971), von dem wir vieles über

[6] In der Vergangenheit konnten Katholiken mit gesundheitlichen Problemen einen zeitlich befristeten Dispens von den Fastengeboten oder dem freitäglichen Fleischverbot einholen.

das analytische Zuhören gelernt haben, war der Meinung, daß die Psychoanalyse eine nicht-idiosynkratische Wissenschaft sein sollte, in der nicht-charismatische Kliniker unterwiesen werden können.

Nun könnte man zwar einwenden, daß Regeln nicht zwangsläufig schlecht seien, daß sie Spielen Struktur geben und sogar Sicherheit vermitteln. Aber wir kommen nicht umhin zu fragen, ob die Psychoanalyse tatsächlich ein solches »Spiel« oder menschliches Abenteuer ist, das man nach Regeln spielen kann. Winnicotts (1971) Unterscheidung zwischen dem *Spiel*, das auf seine Struktur und seine Regeln hin untersucht werden kann, und dem *Spielen*, einem Beziehungsprozeß mit offenem Ausgang, könnte sich hier als hilfreich erweisen. Gehört die Psychoanalyse möglicherweise zu dieser zweiten Gruppe, dem Bereich des *Spielens*?[7]

Bevor wir diese Frage beantworten, sollten wir uns ansehen, aus welchen Gründen man die Psychoanalyse und die psychoanalytische Therapie als technisches Regelwerk verstanden hat. Freud selbst wurde zweifellos durch eine wichtige Überlegung veranlaßt, seine berühmten »Ratschläge für den Arzt bei der psychoanalytischen Behandlung« (1912e) zu formulieren – ihm ging es um den Schutz des verletzbaren Patienten, und die gleiche Überlegung hat auch unsere Ethikkommissionen bewogen, Normen des professionellen Verhaltens zu erarbeiten. Ebenso wichtig ist möglicherweise das Bedürfnis, den Ruf der Profession vor solchen Klinikern zu schützen, die weder über eine sichere Urteilsfähigkeit noch über klare persönliche Grenzen verfügen. Diese Gründe für das Setzen eines »Rahmens« (Langs, 1978) um den psychoanalytischen Prozeß sind keineswegs unbedeutend. Aber wir dürfen den Rahmen nicht mit dem Prozeß gleichsetzen. Mehr noch, statt zuerst den Rahmen zu kaufen und dann zu versuchen, ein Bild oder ein Individuum zu erschaffen, das dazu paßt, müssen wir

[7] Lindon (1994b) versteht die Psychoanalyse als eine nicht-technische Praxis, befreit von einengenden theoretischen Dogmen, erstarrten Regeln usw.

vom individuellen Bild ausgehen und den ihm angemessenen Rahmen sorgfältig auswählen.[8]

Damit kommen wir zu einer entscheidenden Schwachstelle des technischen Ansatzes der Psychoanalyse, nämlich zu der ihm impliziten Annahme, daß ein und derselbe Rahmen für jeden Patienten oder für jedes analytische Paar geeignet sei. Die Intersubjektivitätstheorie erklärt, daß

> die Psychoanalyse Phänomene zu erhellen versucht, die innerhalb eines spezifischen psychologischen Feldes auftauchen, welches durch die Überschneidung von zwei Subjektivitäten – der des Patienten und der des Analytikers – konstituiert wird... [Die Psychoanalyse ist] eine Wissenschaft des Intersubjektiven, deren Gegenstand die Wechselwirkung zwischen den unterschiedlich organisierten subjektiven Welten des Beobachters und des Beobachteten ist. (Atwood und Stolorow, 1984, S. 41f.)

Wenn es sich tatsächlich so verhält, dann müssen wir mit der Wahrscheinlichkeit rechnen, daß jedes analytische intersubjektive Feld seinen eigenen Prozeß entwickeln und seine eigenen Verfahren, sofern dies erforderlich ist, modifizieren wird.

Die Alternative ist die Reproduktion massiver pathologischer Anpassungsstrukturen (Brandchaft, 1994) seitens des Patienten wie auch des Analytikers. Auch in diesem Zusammenhang müssen wir uns daran erinnern, daß der Sinn von Regeln darin besteht, Gehorsam zu induzieren; ihr Zweck ist es nicht, die Wechselwirkung zwischen subjektiven Welten und Perspektiven zu fördern oder die Heilung emotionalen Leidens und die Eröffnung neuer Entwicklungsmöglichkeiten zu unter

---

[8] Diese Rahmenkonzeption der Psychoanalyse ist möglicherweise für die nicht endenden Diskussionen über die Analysierbarkeit von Patienten und über ihre Eignung für die »strengen Regeln« verantwortlich. In den vergangenen Jahren hat das Interesse an der Behandlung solcher Patienten, die zuvor als nicht analysierbar galten, viele Fragen bezüglich der psychoanalytischen Theorie aufgeworfen (Kohut, 1971) und weitverbreitete Zweifel an der traditionell eng gefaßten Technik oder Methode geweckt.

stützen. Jedes analytische Paar – oder jedes intersubjektive Feld – muß seinen eigenen Prozeß und seinen eigenen Rahmen finden.[9]

Ein verwandtes Problem des technischen Rationalismus als psychoanalytischer Ansatz besteht darin, daß Technik auf die Produktion uniformer Produkte orientiert ist. Die Psychoanalyse aber produziert nichts anderes als Verstehen, und dieses Verstehen muß spezifisch und individuell sein. Technisch orientiertes Denken macht uns für die Besonderheiten unserer Patienten, unserer selbst und des jeweiligen psychoanalytischen Prozesses blind. Treffender als der Begriff Produktion ist vielleicht der des Auftauchens – des Auftauchens von Verstehen, von Bezogenheit, von stabilem und positivem Selbsterleben.

Der Säuglingsforschung verdanken wir eine Fülle von Kenntnissen über die Wichtigkeit der Flexibilität und Abstimmung zwischen dem Säugling und seinen Betreuungspersonen. Viele von uns sind in den dreißiger und vierziger Jahren nach den Empfehlungen des Handbuchs *Better Homes and Gardens Baby Book* erzogen worden – Babys waren nach einem strengen Zeitplan zu füttern und zu wickeln und sollten zwischen diesen Terminen alleingelassen werden. Vielleicht wiederholen wir diese Art der mütterlichen Betreuung mit unseren Patienten, wenn wir über psychoanalytische Technik nachdenken oder über sie sprechen. Selbst für Analytiker, die sich für flexibler halten, konstituiert die psychoanalytische Technik oder der »Rahmen« eine Art von Grundsetting, das man wiederaufgreifen kann, wenn man unsicher ist, und das wir an unsere Kandidaten und Supervisanden weitergeben.

Den größten Schaden hat der technische Rationalismus in der Psychoanalyse unserer Meinung nach dadurch angerichtet, daß er die Einstellung suggeriert, von vornherein zu wissen, womit zu rechnen ist. Einer der Autoren dieses Buches erinnert sich an einen Supervisor, der

---

9 Das bedeutet nicht, wie viele befürchten, daß alles erlaubt sei. Jeder von uns arbeitet innerhalb der ethischen und moralischen Grenzen unserer Profession und innerhalb jener Grenzen, die wir uns selbst gesetzt haben. Um uns eine ethische Praxis, gesunden Menschenverstand oder solide klinische Urteilsfähigkeit zu bewahren, sollten wir indes nicht auf technische Regeln angewiesen sein.

ihm vor etlichen Jahren erklärte, daß einen Analytiker mit langjähriger Erfahrung nichts mehr überraschen könne und daß gerade die Fähigkeit, sich nicht mehr überraschen zu lassen, das Qualitätsmerkmal eines reifen Klinikers ausmache. Welch ein Verlust! So viele Erfahrungsmöglichkeiten bleiben dem Patienten, dem Analytiker und dem analytischen Paar verschlossen, wenn Überraschung und neue Erfahrungen entwertet werden. Indem man die Behandlung auf der Analysecouch zu einem Routineverfahren macht, ignoriert man beispielsweise völlig, welch wichtige Rolle die wechselseitige Blickregulation und andere Formen der mimischen Affektkommunikation für das Kind dabei spielen, verschiedene Möglichkeiten der Bezogenheit zu entwickeln. Wir müssen uns eine gewissenhaft forschende Haltung bewahren, und zwar gegenüber allem, was wir in einer Psychoanalyse gemeinsam tun und hervorbringen, und unaufhörlich nach den individuellen und den gemeinsam erzeugten Bedeutungen suchen.

Eine durch das Bewußtsein für unsere eigene Fehlbarkeit geprägte Haltung gegenüber unserer Arbeit und unseren Patienten bewirkt, daß wir uns kontinuierlich – analog zur wechselseitigen Neuabstimmung – bemühen, zu experimentieren und uns neu anzupassen. Nur wenige von uns werden Ferenczis Mut zum Experiment aufbringen, seine Haltung des unablässigen Suchens aber ist für uns alle unverzichtbar.

Episteme, Techne und Phronesis

Überaus wichtige Impulse für eine kritische Neubetrachtung des Technikbegriffs finden wir in der philosophischen Hermeneutik Hans-Georg Gadamers, der »Technik« auch unter dem Begriff »Methode« kritisiert (Gadamer, 1975b). Methode oder technischer Rationalismus ist nach Gadamer Teil des positivistischen wissenschaftlichen Rationalismus und daher vom deutenden Verstehen zu unterscheiden. In den Geisteswissenschaften benötigen wir eine Art des Denkens, das

Aristoteles als praktische Klugheit oder Weisheit, als *Phronesis*, beschrieben hat.

Aristoteles unterscheidet drei Arten des Wissens und Denkens. *Episteme* betrifft das allgemeine theoretische Wissen. Dazu gehören die Mathematik und die grundlegenden philosophischen Fragen. *Techne* ist jene Art des Wissens, das mit der Produktion zusammenhängt. *Phronesis*, praktisches Abwägen oder »sittliches Wissen«, betrifft immer das Allgemeine und das Besondere zugleich. In der *Nikomachischen Ethik* ging es Aristoteles in erster Linie darum, *Phronesis* gegen *Techne* abzugrenzen, und er tat dies, wie Gadamer (1979) zeigt, auf dreierlei grundlegende Weise.

Techne oder Technik ist erstens erlernbar und kann wieder verlernt werden, Kunstfertigkeiten können dem, der sie einmal erworben hat, wieder verlorengehen. Praktisches Wissen hingegen ist durch eine Wechselwirkung zwischen dem Allgemeinen und dem Besonderen charakterisiert und verlangt durchdachte und reflektierte Entscheidungen über die »konkrete Handlungssituation« (Gadamer), in der wir uns befinden. Zweitens gibt es in der *Phronesis* im Unterschied zur herstellungsorientierten *Techne* kein apriorisches Wissen um die richtigen Methoden, um zum Ziel zu gelangen. Vielmehr tauchen Zwecke und Ziele selbst erst im Laufe des Nachdenkens darüber auf, was in einer spezifischen Situation am klügsten oder angemessensten wäre. Am wichtigsten ist in unserem Zusammenhang Gadamers (1975b) Sicht der aristotelischen *Phronesis* als eine Form des Verstehens *(Synesis)*. So schreibt er:

> Verständnis ist eine Modifikation der Tugend des sittlichen Wissens. Sie ist dadurch gegeben, daß es sich hier nicht um mich selbst, sondern um den anderen handelt. Sie ist also eine Weise des sittlichen Beurteilens. [...] Auch hier also handelt es sich nicht um ein Wissen im allgemeinen, sondern um die Konkretion im Augenblick. Auch dieses Wissen ist nicht in irgendeinem Sinne ein technisches Wissen oder die Anwendung eines solchen. [...] Auch hier zeigt sich also, daß der, der Verständnis hat, nicht in einem unbetroffenen Gegenüber stehend weiß und urteilt, sondern aus einer spezifischen Zugehörigkeit, die ihn mit dem anderen verbindet, gleichsam mitbetroffen, mitdenkt. (Gadamer, 1975b, S. 306)

Wir vertreten die Auffassung, daß die Psychoanalyse keine Technik, sondern eine Praxis im aristotelischen Sinn darstellt. Die praktische Besonnenheit beschäftigt sich nicht mit der Herstellung unbeseelter Dinge, sondern mit Beziehungen zwischen und unter Menschen. Aristoteles betrachtete die Politik und die Ethik als Gebiete der Praxis oder des praktischen Wissens *(Phronesis)*, das im Unterschied zum technischen Wissen immer auf das Besondere zielt. Es findet Ausdruck in einer forschenden Haltung, in Besonnenheit und Entdeckerfreude. Es verzichtet auf Regeln, liebt jedoch Fragen – Fragen wie: »Was ist mit diesem Menschen zu diesem Zeitpunkt und aus diesem Grund klugerweise zu tun?« Diese Weisheit kann erlernt werden, jedoch nie auf der Grundlage von Regeln: Man erlernt sie von demjenigen, der ein weises Leben führt. Die Griechen haben offenbar verstanden, daß die einzige umfassende Antwort auf die Frage nach dem Wesen der Weisheit darin besteht, auf den weisen Menschen zu deuten.

Wir müssen jedoch fragen, woraus das Erlernen der Psychoanalyse bestehen könnte, auch wenn wir annehmen, daß die beste psychoanalytische Ausbildung die analytische Lehrzeit ist. Was ist diese praktische Weisheit, in der wir das Ziel der klinischen Arbeit und zugleich ihr Instrumentarium sehen? Um diese Frage beantworten zu können, müssen wir noch einmal auf eine Grundannahme zurückkommen, die von Aristoteles und von der Intersubjektivitätstheorie gleichermaßen vertreten wird. *Menschen stehen von Natur aus in Beziehungen.* Diese Annahme ist tiefgründiger, als sie auf den ersten Blick erscheinen mag. Sie besagt, daß unser psychisches Leben nicht das Leben des isolierten Geistes sein kann; es muß innerhalb der intersubjektiven Kontexte, in denen wir uns befinden, wurzeln, wachsen und sich verändern.

Diese Prämisse zwingt uns, nicht nur zu fragen, was unserem Patienten in welchen Kontexten der Bezogenheit oder konkreten Isolation widerfahren ist und das Leid verursacht hat, mit dem er in Behandlung kommt. Als Kontextualisten müssen wir auch fragen, welche Heilungsressourcen das Analytiker-Patient-Paar in sich birgt. Wir müssen fragen, wie unsere eigene Geschichte, unsere Persönlichkeit und unsere theoretischen Bindungen das Verständnis beeinflussen, zu dem wir gemeinsam mit diesem Patienten finden. Dies ist die Aufmerksamkeit für das Besondere, für die Aristoteles plädierte, und sie läßt sich nicht in Regeln fassen. Freilich hat jeder von uns seine persönliche Art und Weise, den ersten Kontakt zum Patienten aufzunehmen, aber auch hier ergeben sich in dem Augenblick, in dem der Patient das Behandlungszimmer betritt, oder mitunter sogar im ersten Telefongespräch Modifizierungen. Praktische Weisheit ist antimethodisch und antitechnisch. Sie betrifft das nicht reduzierbar Besondere und Relationale.

Psychoanalytische *Phronesis* impliziert eine forschende, nachdenkliche Haltung – Aristoteles bezeichnet das Bemühen, zu begreifen und zu verstehen, als eine durch »Besonnenheit« geprägte Haltung. Sie verzichtet auf die Annahme, daß wir im Voraus die »falsche Idolatrie des Experten« kennen, die Gadamer in unserer technikbeherrschten Welt eingebettet sieht. Wir können seine allgemeinere Charakterisierung einer gefährlichen inneren Sehnsucht unserer Gesellschaft, in der Naturwissenschaft einen Ersatz für verlorene Orientierungen zu finden (1975b), auch auf die Psychoanalyse und die Anbetung von Wissenschaft und Technik beziehen, die in ihrer Geschichte eine so dominierende Rolle spielte.

Betrachten wir nun eine altehrwürdige »technische« Frage aus der Innenperspektive der Praxis und unter dem Blickwinkel der Intersubjektivitätstheorie.

Selbstenthüllung und Intersubjektivitätstheorie

Wir haben bereits erläutert, daß der Begriff der Praxis besser als das ehrwürdige Technikkonzept zur Beschreibung der psychoanalytischen klinischen Arbeit geeignet ist. Wir haben die Ansicht vertreten, daß der Begriff »Technik« zwar die Arbeit mit unbeseelten Gegenständen angemessen bezeichnet, das heißt eine Arbeit mit einer größeren Anzahl kontrollierbarer Variablen, bei der Experimente nachgestellt werden können; für die Arbeit mit Menschen aber ist der Begriff »Praxis«

adäquater. Nicht zufällig sprechen wir von der Rechtspraxis oder der medizinischen Praxis.[10]

Nirgendwo ist die verfehlte Anwendung des psychoanalytischen Technikbegriffs augenfälliger als in den Diskussionen über die sogenannten Selbstenthüllungen. Nur wenn man die Psychoanalyse primär als empirische Wissenschaft begreift, die eine strenge Kontrolle von intervenierenden Variablen verlangt, kann man sich vorstellen, daß Selbstenthüllungen durch ein Regelwerk oder durch Vorschriften oder auch nur durch technische »Ratschläge« unter Kontrolle zu bringen seien. Gleichwohl haben Generationen analytisch orientierter Lehrer und Supervisoren den Prozeß vor Kontaminationen zu schützen versucht, indem sie verlangten, daß der Analytiker anonym bleibe – so wie die Angestellten in Firmen, die Computerchips herstellen, weiße Kittel tragen, um ihre Arbeit nicht zu verunreinigen. Man denke nur an Freuds (1912e) berühmtes Urteil über den Arzt, der seinen Patienten Einblick in seine eigene Persönlichkeit gewährt:

> Für die Aufdeckung des dem Kranken Unbewußten leistet diese Technik nichts, sie macht ihn nur noch unfähiger, tiefere Widerstände zu überwinden, und sie versagt in schwereren Fällen regelmäßig an der rege gemachten Unersättlichkeit des Kranken, der dann gerne das Verhältnis umkehren möchte und die Analyse des Arztes interessanter findet als die eigene. [...] Der Arzt soll undurchsichtig für den Analysierten sein und wie eine Spiegelplatte nichts anderes zeigen, als was ihm gezeigt wird. (S. 384)

Auch Freuds Nachfolger haben sich darum gesorgt, das »reine Gold« der Analyse vor jeder Verunreinigung durch die Persönlichkeit des Analytikers zu schützen; gleichzeitig wurden ihnen jedoch klar, daß eine solche vollständige Anonymität unmöglich ist. Greensons Anekdote über den Patienten, der zu dem Schluß gelangte, daß sein Analytiker ein liberaler Demokrat sei, ist hier sehr aufschlußreich. Greenson

---

[10] Aristoteles (322 v. Chr.) glaubte, daß wir auch die Ethik und die Politik als Praxis verstehen sollten, weil in diesen Bereichen nicht technische Regeln benötigt werden, sondern vielmehr die Fähigkeit, kluge Entscheidungen zu treffen.

fragte seinen Analysanden, was ihn zu dieser Schlußfolgerung bewogen habe:

> Nun sagte er mir, immer, wenn er etwas Günstiges über einen Republikaner sage, fordere ich ihn auf, seine Assoziationen zu bringen. Andererseits, immer, wenn er etwas Feindseliges über einen Republikaner sage, schwiege ich, als sei ich damit einverstanden. Immer, wenn er ein freundliches Wort über Roosevelt sage, bliebe ich stumm. Immer, wenn er Roosevelt angreife, pflege ich zu fragen, an wen Roosevelt ihn erinnere, als sei ich darauf aus zu beweisen, daß Roosevelt zu hassen infantil sei. Ich war bestürzt, denn ich war mir dieser Verhaltensweise überhaupt nicht bewußt gewesen. Aber in dem Augenblick, in dem der Patient mich darauf hinwies, mußte ich zugeben, daß ich genau das getan hatte, wenn auch, ohne es zu merken. (Greenson [1967], 1973, S. 283)

Diese Vignette zeigt, daß prominente Analytiker der ich-psychologischen Schule bereits vor vielen Jahren erkannten, daß die unbeabsichtigte Offenlegung von persönlichen Daten über den Analytiker unvermeidlich und eine absolute Anonymität unmöglich ist. Greensons deutlicher Ärger aber illustriert auch die Tendenz solcher Analytiker, Selbstenthüllungen nicht als wesentliche Beiträge, sondern als bedauerliche Nebeneffekte der analytischen Arbeit zu betrachten. Der Patient muß alles offenlegen, während der Analytiker so wenig wie möglich zeigen darf. Seit einigen Jahren hat die relationale Psychoanalyse, die großen Wert darauf legt zu erforschen, wie der Patient die Subjektivität des Analytikers erlebt, begonnen, diese einseitige Perspektive zu relativieren (Hoffman, 1983; Renik, 1993; Aron, 1996).

Die Intersubjektivitätstheorie muß diesem Thema gegenüber einen noch radikaleren Standpunkt beziehen. Sie muß anerkennen, daß sich zwei subjektive Welten in einer spezifischen psychoanalytischen Situation (Stone, 1961) oder in einem intersubjektiven Feld kontinuierlich zu erkennen geben und gleichzeitig zu verbergen versuchen. Selbst Zurückhaltung ist eine Form der Kommunikation. Entscheidend ist die Frage, durch welche grundlegenden psychischen Überzeugungen (emotionalen Organisationsprinzipien) der Inhalt dessen, was wir – absichtlich oder unbeabsichtigt – gegenüber dem individuellen Patienten offenbaren oder verbergen, und die Form, in der wir es tun, determiniert werden. Und natürlich gilt das gleiche umgekehrt auch für den Patienten. Es liegt auf der Hand, daß der gründlicher analysierte Analytiker besser darauf vorbereitet sein wird, sich mit dieser Frage auseinanderzusetzen. Der Analytiker oder Therapeut, dessen Supervision unter einem intersubjektiven oder konsequent relationalen Blickwinkel erfolgte, wird eher anerkennen können, wie wichtig diese tiefe Selbstkenntnis ist. In dieser Hinsicht dürfen wir Ferenczi, der auf der gründlichen Analyse von Analytikern beharrte, als Vorläufer der Intersubjektivitätstheorie betrachten. Nicht zufällig war er auch der erste, der das psychoanalytische Tabu, mit dem die Selbstenthüllungen belegt waren, in Frage stellte und anerkannte, daß die Psychoanalyse eine intime menschliche Praxis konstituiert.

Das Problem der Selbstenthüllungen beschäftigt die Analytiker jedoch weiterhin. Das bedeutet, daß wir nach wie vor mit dem Widerspruch Regelgehorsam versus Selbstäußerung ringen (Brandchaft, 1994). Die Loyalität gegenüber dem Erbe, das unsere Vorfahren uns in Gestalt der psychoanalytischen Regeln hinterlassen haben, ist offenbar häufig eine Grundvoraussetzung für die Aufrechterhaltung unserer Bindungen an die offizielle Psychoanalyse und unserer persönlichen Identität als Psychoanalytiker. Und in Anbetracht all der Exkommunikationen und Ausschlüsse, die in der Geschichte der Psychoanalyse wegen »nicht-analytischen« Handelns verhängt wurden, werden solche Ängste und Konflikte mehr als verständlich. Die Anpassung an die »behandlungstechnischen Regeln«, die weiterhin jede überlegte Selbstenthüllung verdächtig erscheinen lassen, die über eine vorsichtige Formulierung der Art und Weise, wie der Analytiker seinen Patienten erlebt, hinausgeht, gibt uns – sofern wir auch die übrigen Regeln befolgen – die Sicherheit, daß wir wirklich Analytiker sind. Anders formuliert: Die Frage der Selbstenthüllung bleibt auch deshalb in der Diskussion, weil die psychoanalytische Familie ihren Angehörigen die Unterdrückung von Spontaneität und Selbstäußerung abverlangt.

Es geht indes um mehr. Überlegte Selbstenthüllungen bleiben ein Problem, weil die Psychoanalyse, wie bereits erwähnt, eine Praxis und keine Technik ist. Die Psychoanalyse gehört zum Bereich des praktischen Wissens und nicht zum Gebiet der Techniken, deren man sich bedient, um Gegenstände herzustellen oder um die Ergebnisse der empirischen Wissenschaften, so hilfreich und anregend diese gelegentlich sein mögen, anzuwenden. Menschen sind keine Erzeugnisse, die ihre Gestalt einer Technik verdanken. Technik fällt in den Bereich des Allgemeinen, der Mechanisierung und der Entwicklung von Routinen. Das intersubjektive Feld hingegen ist der Bereich der Praxis, der Bereich des Verstehens, des spezifischen Zusammenspiels spezifischer Subjektivitäten. Das bedeutet, daß wir bewußte Selbstenthüllungen in der Psychoanalyse als einen Gegenstand kritischer Fragen und Überlegungen betrachten müssen. Einen außerordentlich hilfreichen Anfang hat Wachtel (1993) in einem Beitrag über Selbstenthüllungen gemacht, der in seinem Sammelband *Therapeutic Communication* enthalten ist. Hier wollen wir einige wichtige Überlegungen festhalten, die sich aus einem intersubjektiven Verständnis der psychoanalytischen Arbeit ergeben.

Die fundamentalste Frage lautet vielleicht, welche Bedeutungen das jeweilige Verhalten für den Patienten und den Analytiker hat. Weder selbstenthüllende noch zudeckende Reaktionen sind neutral; beide haben im Kontext einer individuellen psychoanalytischen Behandlung eine spezifische Bedeutung. Wenn wir in einer intersubjektiven Perspektive arbeiten, muß es unser Hauptanliegen sein, gemeinsam mit dem Patienten die Bedeutungen dessen, was geschieht, zu verstehen. Und insofern wir von diesem Grundsatz überzeugt sind, müssen wir auch anerkennen, daß der psychoanalytische Prozeß behindert wird, wenn wir unsere persönliche Beteiligung an dem Geschehen zu verbergen versuchen. Der Akt des Verbergens, des Nicht-Aufdeckens, wird selbstverständlich einen bestimmten Einfluß ausüben, je nachdem, wie der Patient unser Verhalten erlebt: Er kann den Eindruck gewinnen, daß wir eine tiefe innere Verstrickung verbergen wollen oder aber daß wir respektvoll zurücktreten, um uns ihm nicht in den Weg zu stellen usw. (Im nächsten Kapitel erläutern wir, weshalb es in einer intersubjektiven Sicht der Behandlung keine Neutralität geben kann.) Manche Patienten haben kein Bedürfnis nach weiteren Informationen, wenn ihnen der Analytiker erklärt, daß er zwei Wochen lang nicht da sein wird. Andere Patienten aber wollen wissen, wohin der Analytiker fährt, ob er beruflich verreist oder um Ferien zu machen usw. Es gibt keine neutrale Antwort. Dem Patienten, der nicht weiter nachfragt, genauere Informationen zu geben, wäre ebensowenig neutral.

Wir können die Frage nach der Angemessenheit von Selbstenthüllungen nicht präziser beantworten, als das Prinzip der Intersubjektivität es zuläßt. Gehen wir einmal von der (durchaus verführerischen) Annahme aus, daß Selbstenthüllungen des Analytikers klug seien, sofern sie dem Patienten, dem Analytiker und dem intersubjektiven Raum selbst Sicherheit vermitteln. Das intersubjektive Feld umfaßt den Zwischen- oder Übergangsbereich – den Raum der Illusion und des Spielens, den intermediären Raum, den Winnicott so treffend und hilfreich beschrieben und illustriert hat. Er umfaßt auch die Subjektivitäten beider Teilnehmer. Die wachsende Sicherheit im gesamten intersubjektiven Feld kann Erforschung, Untersuchung und Spiel sowie die Entwicklung einer neuen oder umgearbeiteten psychischen Organisation ermöglichen. Ebenso wie sich unsere Patienten ständig fragen, ob sie ihrem Therapeuten gegenüber gefahrlos dieses oder jenes sagen oder empfinden dürfen, bringen auch Analytiker durch ihre Entscheidung, was sie einem Patienten sagen und wie sie es tun, ihr eigenes persönliches und intersubjektives Sicherheitsgefühl zum Ausdruck. Entscheidend ist, wie – nicht ob – wir zum Beispiel auf die Frage des Patienten antworten. Wenn wir emotionale Sicherheit als unser Hauptkriterium betrachten, dann müssen wir fragen, wie bestimmte Reaktionsweisen die Sicherheit des Feldes beeinflussen. Dafür gibt es kein Routine- oder Standardverfahren. Manchen Patienten scheint eine direkte Antwort auf Fragen mit anschließender Erforschung der Bedeutung die Sicherheit zu vermitteln, die für eine tiefere Reflexion erforderlich ist. Bei anderen trifft offenbar genau das Gegenteil zu. Manche Patienten stellen Fragen und erhoffen sich vom Analytiker die Reaktion: »Wollen Sie das wirklich wissen?« Daraufhin entwickelt sich ein Gespräch, und zwar nicht nur über die Bedeutung des Inhalts der Frage, sondern vor allem über die Absicht des Patienten, die Fähigkeit des Analytikers, ihn vor einer Retraumatisierung zu schützen, auf die Probe zu stellen. Manche Patienten sind für eine solche Reaktion dankbar. Gewöhnlich sind es diejenigen, deren Fähigkeit, sich in Anwesenheit einer ihnen vertrauten Person sicher zu fühlen, durch Übergriffe und Grenzverletzungen auf traumatische Weise beeinträchtigt wurde.

Die intersubjektive Perspektive reicht aber noch weiter. Bestimmte Patienten sind unter Umständen darauf angewiesen, sich unsicher zu fühlen, um in der Übertragung zum Beispiel verlorene Erinnerungen an traumatische Gefahrensituationen wiederbeleben zu können. Es ist unmöglich, diese oder jene Intervention als grundsätzlich besser oder schlechter zu bezeichnen, ohne ihre spezifische Bedeutung für diesen spezifischen Menschen im Kontext dieser spezifischen Behandlung zu erforschen.

Betrachten wir nun anhand eines Fallbeispiels ein bestimmtes Muster, daß die Analytikerin in bezug auf selbstenthüllende Reaktionen entwickelte. Das Beispiel ist nicht mit jenen gleichzusetzen, die seit einigen Jahren vermehrt zur Illustration von Reaktionen, die man häufig als Aufdeckung der Gegenübertragung bezeichnet, angeführt werden.

Tim war Ende Dreißig, als er seine Behandlung aufnahm. Er war depressiv und rechnete grundsätzlich damit, bei allem, was er beruflich oder in seinem Privatleben in Angriff nahm, zu scheitern, obwohl er auf etlichen Gebieten durchaus bemerkenswerte Erfolge und Begabungen aufzuweisen hatte. Er berichtete, daß seine Familie eng zusammengehalten habe; im Laufe der Behandlung aber stellte sich heraus, daß die Ehe seiner Eltern sehr schwierig gewesen war und er sich um mehrere Geschwister hatte kümmern müssen. Vater und Mutter neigten darüber hinaus zu Wutanfällen und putzten Tim häufig vor seinen Freunden oder Geschwistern herunter. Nichts, was er tat, war gut genug, so daß er ständig mit derartigen Ausbrüchen zu rechnen hatte. Seine Erwartung zu scheitern hing offenbar eng mit seiner Gewißheit zusammen, jederzeit mit schmerzhaften und zerstörerischen Demütigungen konfrontiert werden zu können.

Sobald Tim sich auf die Behandlung eingelassen hatte und das Gefühl entwickelte, verstanden zu werden, tauchte ein merkwürdiges Muster auf. Zu Beginn jeder Sitzung fragte er die Analytikerin, ob sie ein schönes Wochenende gehabt habe oder wie es ihr gehe. Dies machte zunächst lediglich den Eindruck, als sei er ein Mensch, der zur Höflichkeit erzogen worden war und über starke »Anpassungsstrukturen« (Brandchaft, 1994) verfügte. Deshalb gab die Analytikerin auf solche Fragen nur eine kurze Antwort – »Danke, es geht mir gut« – und versuchte, die Aufmerksamkeit des Patienten auf seine eigenen Themen zu lenken. Dies war jedoch nicht einfach. Tim stellte weitere Fragen oder wartete auf ausführlichere Reaktionen, bevor er sich anderen Themen zuwenden konnte.

Die Analytikerin zog die Möglichkeit in Erwägung, daß Tim, der ja als Kind bereits Elternfunktionen für seine Geschwister hatte übernehmen müssen, sich nun um sie zu kümmern versuchte. Da die Analytikerin selbst ähnliches erlebt hatte, lag diese Überlegung für sie nahe. Deshalb gab sie auf seine Fragen weiterhin kurze Antworten, ohne das Ritual als solches zu problematisieren, und untersuchte gemeinsam mit dem Patienten die Muster seiner zwanghaften Fürsorglichkeit, wann immer sich eine Gelegenheit dazu bot. Tatsächlich hatte dies zur Folge, daß sich einige dieser Muster sowohl in seinem Berufs- als auch in seinem Privatleben allmählich veränderten, der Sitzungsbeginn aber blieb davon unberührt, so daß die Analytikerin zu dem Schluß gelangte, daß sie die Ursachen nur teilweise verstanden hatte. Es widerstrebte ihr, Tim auf dieses Muster aufmerksam zu machen, weil sie sich vorstellte, daß es ihn beschämen würde. Ihre höflichen Antworten auf seine Fragen nach ihrem Befinden aber waren offenkundig ebenfalls problematisch.

Es schien an der Zeit, zu experimentieren. Vielleicht, so überlegte die Analytikerin, war Tim darauf angewiesen, daß sie ihm von sich selbst erzählte. Als er sie eines Montags fragte, was sie am Wochenende gemacht habe, antwortete sie daher, daß sie vorwiegend Hausarbeiten erledigt und ein wenig gelesen habe und in einem Konzert gewesen sei. »Was für ein Konzert?« wollte er wissen. Ob es ihr gefallen habe? Nachdem sie etwas eingehender geantwortet hatte, sprachen sie über sein Wochenende, und danach fiel es ihm nicht schwer, mit der eigentlichen Arbeit zu beginnen. Seither »plaudern« sie zu Anfang jeder Sitzung ziemlich regelmäßig etwa drei Minuten lang, und Tim hat etliche Details über die Interessen und Aktivitäten der Analytikerin kennengelernt.

Mittlerweile ist auch diese Interaktion an sich zu einem Gesprächsthema geworden. Sie haben über das Muster, das sie gemeinsam entwickelt haben, nachgedacht und sind zu dem Schluß gekommen, daß sich Tim vergewissern muß, daß seine Analytikerin real ist, damit er sich in seine eigene Realität hineinbegeben und in ihr bleiben kann. Wenn er die Analytikerin nicht als reale Person mit einem eigenen Leben wahrnehmen kann, ist er unfähig, seine verletzlicheren Stellen zu offenbaren. Er muß spüren, daß sie ihn genügend respektiert, um ihm zu vertrauen und ihm von sich selbst zu erzählen. Die gemeinsamen Gespräche über ihre Interessen und Aktivitäten vermitteln ihm offenbar die Sicherheit, die er braucht, um seine eigenen Anliegen wirklich wahrnehmen zu können.

Als sie über dieses Muster diskutierten, erklärte Tim, er habe immer, bevor er sich um seine eigenen Belange kümmern konnte, sicherstellen müssen, daß es seiner Bezugsperson emotional gut ging und keine Ausbrüche zu befürchten waren. Es sei ihm aber nie klar gewesen, wie stark dieses Bedürfnis weiterhin sei. Mit jedem Hinweis auf seine eigenen Gefühle, Bedürfnisse und Interessen lief er Gefahr, verspottet und gedemütigt und schließlich von Scham überwältigt zu werden. Die Erfahrungen, die er in seinem Erwachsenenleben gemacht hat, haben ihm zusätzlich bestätigt, daß diese Sicherheitsmaßnahmen notwendig sind.

Was nun die frühere Diskussion anbelangt, so halten wir Sicherheit oder Angemessenheit oder den »Rahmen« usw. keineswegs für das ausschlaggebende Kriterium. Unter einem intersubjektiven Blickwinkel gibt es auf Fragen, welche die Selbstenthüllungen oder andere Aspekte betreffen, die viele Psychoanalytiker als »Technik« bezeichnen, keine »richtige Antwort«. Zwei Personen, eine Analytikerin und ein Patient, suchen zusammen nach einem Verständnis, das dem Patienten eine Reorganisation seines Erlebens ermöglichen oder ihm vielleicht eine zweite Entwicklungschance geben kann (Orange, 1995). Konkrete Entscheidungen über Selbstenthüllungen und andere Formen des analytischen Verhaltens müssen auf der Grundlage der Einschätzung getroffen werden, ob die interagierenden Bedeutungen, die sie für den Patienten und für die Analytikerin haben, das Erreichen dieser Ziele fördern wird.

3

Der Mythos von der Neutralität

Ihren deutlichsten und zugleich schädlichsten Ausdruck findet der auf objektivistischen Konzeptionen der Psychoanalyse beruhende technische Rationalismus vermutlich in dem Gebot der analytischen Neutralität.

All unsere Veröffentlichungen über das Konzept der psychoanalytischen Situation als intersubjektives System enthalten kritische Anmerkungen zum Neutralitätsbegriff, die wir an dieser Stelle noch einmal zusammenstellen und detaillierter ausarbeiten wollen, um insbesondere die illusionären und defensiven Aspekte dieser Doktrin sowie ihre komplizierten mythologischen Grundlagen hervorzuheben. Im Anschluß daran versuchen wir, eine alternative analytische Haltung zu beschreiben, der die intersubjektivistische Systemtheorie zugrunde liegt. Wir beginnen mit einer Kritik an vier Neutralitätskonzepten, die in der psychoanalytischen Literatur eine führende Rolle gespielt haben. Zwei dieser Konzepte stammen von Freud selbst, das dritte wurde von seiner Tochter Anna und das vierte schließlich von Kohut entwickelt.

Kritiker mögen einwenden, daß wir mit unserem Porträt des neutralen Analytikers einen Popanz aufbauen, daß Kritiken am und Alternativen zum Konzept der Neutralität bereits in der psychoanalytischen Literatur vorliegen (zum Beispiel Singer, 1977; Ehrenberg, 1992; Raphling, 1995; Renik, 1996), daß relationale Modelle (Mitchell, 1988) und konstruktivistische Ansätze (Hoffman, 1991) die psychoanalytische Praxis bereits beeinflussen und daß nur die unflexibelsten Analytiker behaupten würden, sich in der von uns beschriebenen Weise zu verhalten. All dies mag zutreffen, trotzdem aber sind wir der Meinung, daß der Mythos vom neutralen Analytiker – dessen Wurzeln in der

Geschichte der Psychoanalyse einhundert Jahre zurückreichen – weiterhin als ein tief verankertes Organisationsprinzip operiert, das die Art und Weise, wie der Analytiker die analytische Begegnung wahrnimmt, nachhaltig prägt und den Blick auf den intersubjektiven Charakter des analytischen Prozesses verstellt. In zahllosen Diskussionen mit Kollegen, Kandidaten und Supervisoren wurde uns klar, daß Analytiker und Therapeuten vor allem dann geneigt sind, Neutralitätsansprüche geltend zu machen, wenn die Übertragungszuschreibungen ihrer Patienten bedeutsame Aspekte ihres eigenen Selbstgefühls bedrohen (siehe Thomson, 1991). Wir stellten darüber hinaus fest, daß häufig sogar beziehungstheoretisch orientierte Analytiker und Therapeuten die Neutralität als ehrwürdiges, wenngleich unerreichbares Ideal hochhalten und daß Abweichungen von diesem Ideal Scham oder reaktive Schamlosigkeit wecken. Aus diesen Gründen erscheint uns eine dekonstruktivistische Kritik an diesem Ideal gerechtfertigt.

1. Neutralität wird häufig mit Freuds (1915a) Diktum gleichgesetzt, daß »die Kur [...] in der Abstinenz durchgeführt werden« müsse (S. 313). Interpretiert wird es gewöhnlich in dem Sinn, daß der Analytiker seinen Patienten keinerlei Triebbefriedigung gewähren dürfe. Dieses technisches Gebot beruhte auf der theoretischen Annahme, daß es sich bei den primären Konstellationen, welche die Psychoanalyse als ihren Gegenstand betrachtet, um Produkte verdrängter Triebabkömmlinge handele. Gratifikationen laufen dieser These zufolge dem Ziel zuwider, verdrängte Triebwünsche bewußt zu machen und sie auf ihre genetischen Ursprünge zurückzuführen, damit der Patient schließlich auf die Gratifikation verzichten und seine Triebstrebungen sublimieren kann.

In welchem Sinn aber kann man diese abstinente Haltung als neutral bezeichnen? Sicherlich nicht unter dem Blickwinkel des Analytikers, der sie praktiziert, denn für ihn ist Abstinenz die Äußerung des tiefverwurzelten Überzeugungssystems (andere sprechen vielleicht vom »Moralsystem«), an dem er sich bei der Durchführung seiner analytischen Arbeit orientiert, eines Systems, das Grundannahmen über die menschliche Natur, über Motivation, Reife sowie psychische Krankheit und Gesundheit enthält.

Wenn man eine Position bezieht, die dem Blickwinkel des *Patienten* entspricht, wird darüber hinaus deutlich, daß Abstinenz – die absichtliche Frustration der Wünsche und Bedürfnisse des Patienten – vom Patienten niemals als neutrale Haltung erlebt werden kann. Konsequente Abstinenz seitens des Analytikers verzerrt den therapeutischen Dialog entscheidend, indem sie Feindseligkeit und heftige Konflikte erzeugt, die in höherem Maß ein Artefakt der Haltung des Analytikers darstellen als eine genuine Manifestation der primären Psychopathologie des Patienten (Wolf, 1976; Kohut, 1977). Wie Stone (1961) und Gill (1984) zeigten, können sogenannte regressive Übertragungsneurosen, die von vielen Analytikern als das Sine qua non des analytischen Prozesses verstanden werden, in Wirklichkeit als iatrogene Reaktionen auf die wahllose Anwendung des Abstinenzgrundsatzes auftauchen. Somit wird eine abstinente Haltung den analytischen Prozeß unter Umständen nicht nur nicht fördern – sie kann ihn sogar behindern.

2. Eng verbunden mit der Abstinenzregel – und von vielen ebenfalls als wesentliches Element der analytischen Neutralität verstanden – ist Freuds (1912e) Ratschlag, der Analytiker solle »undurchsichtig für den Analysierten sein und wie eine Spiegelplatte nichts anderes zeigen, als was ihm gezeigt wird« (S. 384) – eine Empfehlung, die mit seiner topographischen Theorie im Einklang steht. Gill (1984) betonte, daß die Annahme, der Analytiker könne anonym bleiben, den von Grund auf interaktiven Charakter des analytischen Prozesses verleugne. Alles, was der Analytiker tut oder sagt – insbesondere die Deutungen, die er anbietet –, ist ein Produkt seiner eigenen psychischen Organisation und verrät dem Patienten zentrale Aspekte der Persönlichkeit des Analytikers. Diese Eindrücke wiederum spielen als Kodeterminanten der Übertragungsentwicklung eine entscheidende Rolle. Ebenso wie die Abstinenzregel produziert auch die irrige Überzeugung des Analytikers, er könne seine eigene Persönlichkeit aus dem analytischen Dialog heraushalten, Übertragungsartefakte, die kontratherapeutisch sein können.

3. Für ein drittes Neutralitätskonzept, auf das sich beispielsweise Kernberg (Panel, 1987) berufen hat, steht Anna Freuds (1936) Erklärung, der Analytiker verrichte seine Arbeit »von einem Standpunkt

aus, der von Es, Ich und Über-Ich gleichmäßig distanziert ist« (S. 221). Anna Freud setzt diese Haltung mit »klare[r] Objektivität« und »Unparteilichkeit des Analytikers« gleich (ebd.). Auch wenn wir die beträchtlichen Schwierigkeiten einmal außer acht lassen, die mit dem Versuch verbunden sind, die Distanz zwischen sich selbst und hypothetischen psychischen Instanzen zu messen, so ist doch zu betonen, daß dieses Neutralitätskonzept ebenso wie die Abstinenzregel in einem wertgeladenen theoretischen Glaubenssystem, dem dreiteiligen Modell der Psyche, wurzelt und infolgedessen gar nicht unvoreingenommen oder neutral sein kann. Deutungen, die von diesem metaphorischen, von den drei Instanzen gleichermaßen weit entfernten Standpunkt aus gegeben werden, ermuntern den Patienten, sich die Überzeugungen des Analytikers über die Struktur der Psyche zu eigen zu machen, und sind deshalb Suggestionen.

4. Der Mythos vom neutralen Analytiker hat innerhalb der psychoanalytischen Selbstpsychologie überdauert. Als sich Kohut gegen die Gleichsetzung von Neutralität mit abstinenter Reaktionslosigkeit wandte, definierte er analytische Neutralität als den »Widerhall [...], den man im Durchschnitt von Personen erwarten kann, die ihr Leben der Aufgabe gewidmet haben, anderen Menschen mit Einsichten zu helfen, die sie durch das empathische Eintauchen in deren inneres Leben erhielten« (Kohut [1977], 1981, S. 254). Wir betrachten dies als eine treffende Charakterisierung eines bestimmten Aspekts der analytischen Haltung, sind jedoch der Meinung, daß hier keine neutrale Haltung definiert wird. Ebenso wie die Grundsätze der Abstinenz und der gleichen Entfernung wurzelt diese Beschreibung in einem theoretischen Überzeugungssystem, auch wenn dieses die Betonung auf die Wichtigkeit der emotionalen Responsivität für die Förderung der Entwicklung des Selbstgefühls legt. Und wie Kohut (1980) selbst erkannte, wird »eine Situation [...], in der eine Person es sich zur Aufgabe macht, ihre ›empathische Intention‹ über längere Phasen auf eine andere Person zu richten« (S. 487), vom Patienten sicherlich nicht als neutrale Situation erlebt, da sie die tiefe Sehnsucht, verstanden zu werden, erfüllt.

Kohut behauptete jedoch, daß Empathie »im wesentlichen neutral und objektiv« sei (1980, S. 483), und Wolf (1983) vertrat die Ansicht, daß Kohuts Definition der Empathie »eine Haltung der Objektivität bezüglich der Subjektivität des Patienten« impliziere (S. 675). Die Erwartung, daß ein Analytiker gegenüber der Subjektivität eines Patienten neutral oder objektiv sein könne und deshalb imstande sei, dessen Erleben mit reinem, unschuldigem Blick zu betrachten, läuft auf die Forderung hinaus, daß der Analytiker seine eigene psychische Organisation aus dem analytischen System verbannen solle. Wir halten dies für einen unmöglich zu realisierenden Kraftakt, besonders wenn sich die eindrücklichsten Äußerungen der Subjektivität des Patienten auf den Analytiker richten – der schwerlich interesselos ist. Was Analytiker in ihrem selbstreflexiven Bemühen anstreben können und sollten, ist ein Gewahrsein ihrer eigenen, persönlichen Organisationsprinzipien – einschließlich jener, die in ihren Theorien repräsentiert sind – und der Art und Weise, wie diese Prinzipien unbewußt ihr analytisches Verstehen und ihre Deutungen prägen.

Die vier Varianten des Mythos vom neutralen Analytiker hängen eng mit einer Reihe weiterer Mythen zusammen, die auf die traditionelle analytische Haltung einen prägenden Einfluß ausgeübt haben.

Der Mythos von der suggestionsfreien Deutung

In Anlehnung an Freuds (1919a) Unterscheidung zwischen dem »reine[n] Gold der Analyse« und dem »Kupfer der direkten Suggestion« (S. 193) wurde traditionell geltend gemacht, daß sich die Psychoanalyse vor anderen Methoden der Psychotherapie durch die Tatsache auszeichne, daß sie sich auf die Deutung und insbesondere auf die Übertragungsdeutung – im Gegensatz zur Suggestion – stütze. Die Dichotomie zwischen Deutung und Suggestion hängt eng mit den verschiedenen Neutralitätskonzepten zusammen, die wir bereits erläutert haben, denn der neutrale Analytiker ist angeblich in der Lage, seinem Analysanden suggestionsfrei das reine Gold der Deutung darzubieten – sei's von einem abstinenten, anonymen, von den drei Instanzen gleichermaßen weit distanzierten Standpunkt aus oder unter empathischem Blickwinkel.

Wie Gill (1984) betonte, »kann der Analytiker jedesmal, wenn er interveniert, vom Patienten so erlebt werden, als lege er ihm eine bestimmte Richtung nahe« (S. 171). Wir sind der Meinung, daß diese Binsenweisheit die scharfe Unterscheidung zwischen Übertragungsdeutung und Suggestion ad absurdum führt. Die allgemein vertretene Ansicht, daß die Deutung lediglich ins Bewußtsein hebe, was sich im Patienten verbirgt, ist ein Relikt von Freuds topographischer Theorie und seinem archäologischen Modell des analytischen Prozesses (vgl. Freud, 1913j). Dieses Modell läßt den Beitrag der psychischen Organisation des Analytikers an der Formulierung seiner Deutungen unberücksichtigt. Jede Übertragungsdeutung – ja, das Konzept der Übertragung an sich – ist dem theoretischen Bezugsrahmen verhaftet, an dem sich der Analytiker orientiert, wenn er das klinische Material ordnet. Sein Festhalten an diesem Orientierungsrahmen wurzelt unweigerlich in tief empfundenen persönlichen Überzeugungen und Werten (Lichtenberg, 1983; Atwood und Stolorow, 1993). Somit konstituiert jede Deutung, die über das hinausgeht, was dem Patienten bewußt ist, eine wenn auch noch so zurückhaltende Aufforderung, die Dinge unter dem theoretisch verankerten Blickwinkel des Analytikers zu sehen. Insoweit sind auch Deutungen Suggestionen, und es ist von entscheidender Bedeutung für die Analyse, zu erforschen, ob der Patient glaubt, sich den Blickwinkel des Analytikers zu eigen machen zu müssen, um die therapeutische Bindung nicht zu verlieren.

Der Mythos von der unkontaminierten Übertragung

Eine übliche Begründung für die Aufrechterhaltung der Neutralität in ihren unterschiedlichen Verkleidungen ist die Überlegung, daß nicht deutende Interventionen, beispielsweise Gratifikationen oder Suggestionen, die Übertragung »kontaminierten« und sie dadurch unanalysierbar machten (Panel, 1987). Dieser Einschätzung liegt die Annahme zugrunde, daß die Übertragung in einer Form existieren könne, die von der Aktivität eines neutralen Analytikers in keiner Weise »verunreinigt« wird, und diese Annahme wiederum leitet sich aus dem traditionellen Übertragungsverständnis her, demzufolge der Patient »Gefühle, die zu einer unbewußten Repräsentanz eines verdrängten Objekts gehören, auf eine psychische Repräsentanz eines Objekts in der äußeren Welt verschiebt« (Nunberg, 1951, S. 1). Einer von uns hat sich mit diesem Konzept der Übertragung als Verschiebung kritisch auseinandergesetzt:

> Das Konzept der Übertragung als Verschiebung hat die Sichtweise perpetuiert, daß die Art und Weise, wie der Patient die analytische Beziehung erlebt, einzig und allein aus seiner Vergangenheit und Psychopathologie resultiere und durch die Aktivität (oder ausbleibende Aktivität) des Analytikers nicht [mit]geprägt werde. Diese Sichtweise entspricht Freuds archäologischer Metapher. Da sie den Beitrag, den der Analytiker zur Übertragung leistet, vernachlässigt, enthält sie gewisse Fallgruben. Stellen wir uns einen Archäologen vor, der seine Armbanduhr in einer Ausgrabungsstätte verliert. Wenn man von der Annahme ausgeht, daß alles, was bei der Grabung gefunden wird, vor Beginn derselben bereits dagewesen sein muß, sähe man sich zu einer Reihe absolut ungerechtfertigter Schlußfolgerungen gezwungen. (Stolorow und Lachmann, 1984/85, S. 24)

Wir stimmen Gills Behauptung vorbehaltlos zu, daß »die Vorstellung, die Übertragung könne sich ohne Kontamination entfalten, eine Illusion« sei (1984, S. 175). Wenn die Übertragung nicht als Verschiebung (oder Regression oder Projektion oder Entstellung) verstanden wird, sondern als Ausdruck einer unbewußten, organisierenden Aktivität

(Stolorow und Lachmann, 1984/85), dann wird deutlich, daß sie sowohl durch die Beiträge des Analytikers als auch durch die Bedeutungsstrukturen, in die diese vom Patienten assimiliert werden, mitbestimmt wird. Mit anderen Worten: Übertragung wird immer durch irgendeine Eigenschaft oder Aktivität des Analytikers aktiviert, die dazu geeignet ist, vom Patienten nach einem in seiner Entwicklung präformierten Organisationsprinzip interpretiert zu werden.

Die Beteiligung der Übertragung des Patienten an der Produktion der Gegenübertragung des Analytikers hat mittlerweile ihren Platz in der psychoanalytischen klinischen Theorie gefunden. Wir sind der Meinung, daß die Gegenübertragung (in einem sehr allgemeinen Sinn als Manifestation der organisierenden Aktivität des Analytikers verstanden) einen entscheidenden Einfluß darauf ausübt, wie sich die Übertragung gestaltet. Übertragung und Gegenübertragung bilden zusammen ein intersubjektives System der wechselseitigen Beeinflussung (Stolorow, Brandchaft und Atwood, 1987). Neutrale Analytiker, reine Deutungen, unkontaminierte Übertragungen – keine dieser mythischen Wesenheiten hat innerhalb eines solchen Systems Bestand.

Der Mythos von der Objektivität

Das Konzept der analytischen Neutralität unterstreicht das Bild vom Analytiker als Naturwissenschaftler, der objektive Beobachtungen über die psychischen Mechanismen des Patienten anstellt und insbesondere dessen Übertragung genau im Blick behält. Analytiker, die eine solche objektivistische Epistemologie vertreten, deuten von einer mythologischen Plattform aus mit göttlichem Blick auf die »wahre« Realität, die durch das Übertragungserleben des Patienten entstellt wird. Alternativ kehren manche Analytiker zu einer Doktrin der »unbefleckten« Wahrnehmung zurück und behaupten, einen direkten empathischen Kontakt zur psychischen Realität des Patienten herstellen zu können, indem sie sich durch stellvertretende Introspektion in dessen subjektive Welt hineinversetzen. Beide Seiten gehen von der Annahme aus, daß der Analytiker objektive Beobachtungen – entweder über die objektive Realität oder über die psychische Realität – anstellen könne, die nicht durch seine eigenen, persönlichen Organisationsprinzipien unbewußt geprägt sind. Dieser Mythos von der Objektivität leugnet nicht nur die entscheidende Tatsache, daß zwischen dem Beobachter und dem Beobachteten in der Psychoanalyse nicht zu trennen ist; er verleugnet auch, daß die analytische Wahrheit gemeinsam konstruiert wird. Unter einem intersubjektiven oder perspektivischen Blickwinkel gesehen, sind die Wahrnehmungen des Analytikers an sich nicht zutreffender als die des Patienten. Darüber hinaus kann der Analytiker die psychische Realität des Patienten nicht unmittelbar kennenlernen; der Analytiker kann sich dieser psychischen Realität lediglich annähern, und dabei geht er zwangsläufig von dem spezifischen Horizont seines eigenen, persönlichen Blickwinkels aus (Hoffman, 1991; Stolorow und Atwood, 1992; Orange, 1995). Dies bedeutet jedoch nicht, daß Analytiker darauf verzichten sollten, orientierungsgebende theoretische Konzepte zu benutzen, um klinische Daten zu ordnen, sondern daß sie anerkennen müssen, inwieweit und auf welche Weise ihr eigener Orientierungsrahmen ihrem Verständnis der subjektiven Welt des Patienten Grenzen setzt und den Verlauf des analytischen Prozesses mit gestaltet.

Ein besonders ärgerliches Beispiel für den Mythos von der Objektivität liefert der Analytiker, der einen Patienten auf der Grundlage einer »objektiven« Einschätzung seiner Persönlichkeitsstruktur und Psychopathologie für analysierbar oder unanalysierbar erklärt. Analysierbarkeit, so behaupten wir, ist keine Eigenschaft des Patienten, sondern des Systems Patient-Analytiker. Zu beurteilen ist das Funktionieren des Systems, das Zueinanderpassen des individuellen Patienten und des individuellen Analytikers.

Der Mythos vom isolierten Geist

Eine objektivistische Epistemologie sieht die Psyche in einem Zustand der Isoliertheit, radikal abgetrennt von einer äußeren Realität, die sie entweder zutreffend erfaßt oder aber entstellt wahrnimmt. Der Geist, der auf die äußere Welt blickt, ist in Wirklichkeit ein heroisches Bild oder ein Heldenmythos, der das innere Wesen des Menschen so erscheinen läßt, als sei es von allem, was am Leben erhält, abgetrennt. Diesen Mythos, der sich in der Kultur westlicher Industriegesellschaften so erfolgreich behauptet, haben wir als den *Mythos vom isolierten Geist* bezeichnet (Stolorow und Atwood, 1992, S. 7). Er tritt in mancherlei Verkleidungen und Variationen in Erscheinung. Man begegnet ihm in Geschichten über unbesiegbare Menschen, die durch ihre einsamen, heroischen Taten stärkste Widersacher überwinden, in philosophischen Werken, die sich um die Konzeption eines isolierten, monadischen Subjekts zentrieren, und in psychologischen und psychoanalytischen Doktrinen, die sich ausschließlich auf die inneren Prozesse des Individuums konzentrieren. Dazu gehören zum Beispiel Freuds Verständnis der Psyche als eines unpersönlichen Apparates, der endogene Triebenergie verarbeitet, aber auch das autonom selbstregulierende Ich der Ich-Psychologie und das von Kohut beschriebene ursprüngliche Selbst mit seinem vorprogrammierten inneren Handlungsplan. Wir (Stolorow und Atwood, 1992) haben die These vertreten, daß dieses dominierende verdinglichte Bild der isolierten Psyche in all seinen zahlreichen Erscheinungsformen eine Form defensiver Grandiosität darstellt: Es verleugnet die ungeheure Verletzlichkeit, die dem Wissen um die Einbettung aller menschlichen Erfahrung in konstitutive Beziehungssysteme inhärent ist. All solche Bilder einer aus dem konstitutiven Einwirken der Umwelt herausgelösten Psyche widersetzen sich dem, was man in Anlehnung an Kundera (1984) als »die unerträgliche Einbettung des Seins« bezeichnen könnte.

Das Ideal des neutralen und objektiven, undurchschaubaren und weisen Analytikers ist ein ebensolches Bild. Es erkennt nicht an, daß das emotionale Engagement, das im Analytiker geweckt wird, einen tiefen persönlichen Einfluß ausübt, und verleugnet, daß der Analytiker mit seiner eigenen psychischen Organisation auf vielerlei Weise in all die Phänomene einbezogen ist, die er beobachtet und zu behandeln versucht. Um auf die defensive Unantastbarkeit und Allwissenheit der neutralen Haltung zu verzichten, müssen Analytiker bereit sein, die tiefen Gefühle der Verletzlichkeit und ängstlichen Ungewißheit zu ertragen, die mit dem Eintauchen in einen tiefen analytischen Prozeß unweigerlich verbunden sind. Der Analytiker, der sich von metapsychologischen und epistemologischen Absolutheitsansprüchen und von der Sicherheit der standardisierten Technik lossagt, setzt sich zwangsläufig der »cartesianischen Angst« (Bernstein, 1983) aus – der »panischen Angst vor strukturlosem Chaos« (Stolorow, Atwood und Brandchaft, 1994, Epilog).

Ähnliche Abwehrfunktionen spielten auch in Freuds Theoriegebäude eine herausragende Rolle. In unserer psychobiographischen Untersuchung der persönlichen, psychischen Grundlagen seiner Metapsychologie gelangten wir (Atwood und Stolorow, 1993) zu dem Ergebnis, daß Freud sich vor dem Gewahrwerden des tiefen emotionalen Einflusses einer Reihe früher, schmerzvoller Enttäuschungen durch seine Mutter und vor dem Gefühl, von ihr verraten worden zu sein, schützte, indem er sein Leiden auf das eigene, omnipotente innere Böse zurückführte, das heißt, auf sein inzestuöses Begehren und seine mörderische Feindseligkeit – eine defensive Verschiebung, die auch in wichtige Beziehungen in seinem Erwachsenenleben einging, zum Beispiel in die Beziehung zu Fließ und zu seiner Frau, sowie in seine Beschreibungen klinischer Fälle. Diese defensive Lösung, eine Art defensiver Grandiosität, hat auch Eingang in seine Theorie der psychosexuellen Entwicklung und Pathogenese gefunden, eine Theorie, welche die primären Krankheitserreger in den unzähmbaren Trieben identifizierte, die tief im Innern der Psyche wurzeln. In dieser theoretischen Vision blieben idealisierte Elternimagines und insbesondere ein idealisiertes Mutterbild erhalten, so daß Freud (1933a) zu der bemerkenswerten Erklärung gelangte, die Mutter-Sohn-Beziehung sei »überhaupt die vollkommenste, am ehesten ambivalenzfreie aller menschlichen Beziehungen« (S. 143), und den Ödipusmythos in einer Weise interpretierte, welche die zentrale Rolle des kindsmörderischen Vaters, der den tragischen Verlauf der Ereignisse zuallererst in Gang setzte, völlig außer Acht ließ. Wir sind überzeugt, daß dasselbe Abwehrprinzip auch Freuds Sicht der psychoanalytischen Situation verhängnisvoll prägte. Mit dem *cordon sanitaire*, den er um die Eltern legte, versah er auch den mutmaßlich neutralen Analytiker, so daß die Übertragungserfahrungen des Patienten scheinbar einzig und allein aus dessen inneren, intrapsychischen Mechanismen resultierten und von dem Einfluß und den Bedeutungen der Haltung und der Aktivitäten des Analytikers ganz und gar unberührt blieben.

Eine Alternative: die empathisch-introspektive Erforschung

Wenn das Konzept der analytischen Neutralität als grandiose defensive Illusion verstanden wird, auf das wir Verzicht leisten und dessen Verlust wir betrauern müssen – wodurch sollen wir es ersetzen? Wie könnte eine alternative Haltung beschaffen sein, die der analytischen Situation als dyadisch intersubjektivem System angemessen ist, in dem beide Beteiligte einander wechselseitig beeinflussen und das durch die organisierenden Aktivitäten beider Partner fortwährend mit geprägt wird? Wir (Stolorow, Brandchaft und Atwood, 1987) haben eine solche Haltung als empathisch-introspektive Erforschung bezeichnet. Durch diese forschende Haltung sollen die Prinzipien erhellt werden, die das Erleben des Patienten unbewußt organisieren (Empathie), die Prinzipien, die das Erleben des Analytikers unbewußt organisieren (Introspektion), und das oszillierende psychische Feld, das durch die Wechselwirkung zwischen beiden Beteiligten geschaffen wird (Intersubjektivität). In dieser Weise zu forschen setzt eine kontinuierliche Reflexion der unvermeidbaren Beteiligung der persönlichen Subjektivität und der theoretischen Grundannahmen des Analytikers an der Untersuchung voraus. Im Gegensatz zur Haltung der Neutralität versucht die Haltung der empathisch-introspektiven Erforschung nicht, den Einfluß, den die psychische Organisation des Analytikers auf das Erleben des Patienten ausübt, abzulenken, zu minimieren oder zu verleugnen. Statt dessen erkennt sie diesen Einfluß als inhärenten Aspekt des zutiefst intersubjektiven Charakters des analytischen Dialogs an und versucht, ihn konsequent zu *analysieren*.

Uns ist durchaus bewußt, daß die Haltung der empathisch-introspektiven Erforschung ähnlich wie die neutrale Haltung für den Analytiker selbst eine Reihe psychischer Zwecke erfüllen kann. Diese sollten im Zentrum seiner konsequenten Selbstreflexion stehen (Atwood und Stolorow, 1993, S. 189 f., einige persönliche, subjektive Ursprünge unseres Blickwinkels sind dort näher erläutert). Wir möchten auch betonen, daß die Haltung der empathisch-introspektiven Erforschung keinesfalls die Asymmetrie der Patient-Analytiker-Beziehung verleugnet oder verschleiert. Die Bedeutungen dieser Asymmetrie dürfen nicht zugedeckt, sondern müssen untersucht werden. Ebensowenig schreibt diese Haltung irgendeine Form der emotionalen Responsivität vor, eines teilnehmenden Agierens oder nicht-deutendender Einlassungen seitens des Analytikers. Auch wenn sie beispielsweise anerkennt, daß der Analytiker dem Patienten fortwährend und ohne es zu beabsichtigen Aufschlüsse über seine eigene psychische Organisation gibt (Renik, 1995), schreibt ihm die Methode der empathisch-introspektiven Erforschung keine gezielten Selbstenthüllungen vor. Vielmehr fordert sie ihn, wie bereits erläutert, auf, spezifische Entscheidungen über Selbstenthüllungen auf der Grundlage seines bestmöglichen Verständnisses der wahrscheinlichen Bedeutungen solcher Offenbarungen für den Patienten und den Analytiker zu treffen und auf der Grundlage seiner – mit verschiedenen Graden an kooperativem Input seitens des Patienten erzielten – Beurteilung, ob solche interagierenden Bedeutungen den analytischen Prozeß, die Entfaltung, Erforschung, Erhellung oder Transformation der subjektiven Welt des Patienten, eher fördern oder behindern werden (aufschlußreiche klinische Vignetten enthält das 7. Kapitel in Stolorow und Atwood, 1992).

4

Kontexte des Nichtseins

Formen des Erlebens persönlicher Vernichtung

Zu Beginn dieses Kapitels möchten wir kurz über die Erfahrungen einer jungen Frau berichten, die während einer akuten psychotischen Episode stationär in einem Zentrum für Kurzzeitbehandlungen aufgenommen wurde. Die Patientin, damals 24 Jahre alt, litt unter vielfältigen Wahnvorstellungen und Halluzinationen, die ganz plötzlich aufgetreten waren. Trotz einer antipsychotischen Medikation hielten sich die Symptome hartnäckig über Monate. In dieser Zeit lehnte die Patientin die Medikamente mit wachsender Entschlossenheit ab, weil diese, wie sie später berichtete, eine Reihe von Nebenwirkungen auf ihr Sehvermögen und ihre Muskelkontrolle hatten. Der behandelnde Psychiater, der besorgt auf Besserung wartete und die stationären Behandlung beenden wollte, beschloß, die junge Frau schonungslos mit der Schwere ihrer psychischen Erkrankung zu konfrontieren, um ihr klar zu machen, daß sie in ihrer Therapie voll und ganz kooperativ sein müsse. Er erklärte ihr, daß sie schizophren sei, und fragte, ob sie wisse, was das bedeute. Als die Patientin erwiderte, daß sie sich nicht recht sicher sei, erklärte ihr der Psychiater, daß es sich bei der Schizophrenie um eine Gehirnerkrankung handele, die auf einem genetisch bedingten Stoffwechseldefekt beruhe. Infolge dieses ererbten Defekts, so fuhr der Arzt fort, müsse sie nun lebenslang ausgleichende Medikamente einnehmen, ebenso wie ein Diabetiker Insulin spritzen müsse. Er setzte ihr ferner auseinander, daß sie zur Langzeitbehandlung in eine staatliche psychiatrische Klinik eingewiesen werden müsse, wenn sie ihre

Krankheit nicht ernst nehme und sich weiterhin weigere, vorbehaltlos an ihrem Behandlungsprogramm mitzuarbeiten.

Auf die Patientin wirkte sich diese Konfrontation, wie sie später berichtete, absolut verheerend aus. Die Begriffe »Schizophrenie« und »Stoffwechseldefekt« kreisten in ihrem Kopf und begannen, den Kern dessen, wer und was sie war, zu definieren. Als sich dieser Prozeß, der einer psychischen Usurpation gleichkam, vertiefte, fühlte sie sich selbst in den mysteriösen »Defekt« verwandelt, der Schuld an ihrem Zustand hatte. Ihr ohnehin geschwächtes Identitätsgefühl entglitt ihr nun ganz und gar. Schließlich verfiel sie in eine lähmende Erstarrung; sie verlor ihre emotionale Spontaneität und nahm in ihrem Innern nur noch den unabänderlichen körperlichen Defekt wahr, den der Psychiater ihr zugeschrieben hatte.

In ihrem ständigen Kampf mit diesen subjektiven Auswirkungen beschloß die Patientin, sich in der Krankenhausbibliothek genauer über die Krankheit »Schizophrenie« zu informieren. In Diagnosehandbüchern und psychiatrischen Lehrbüchern schlug sie Definitionen nach, fand aber nichts, das ihrem eigenen Erleben zu entsprechen schien. Sie machte sich Gedanken über den Begriff an sich – »Schizo-phrenia« –, über die Art der Spaltung, über das, was tatsächlich gespalten wird. Sie informierte sich sogar über Bleulers (1911) wegweisendes Werk, in dem der Begriff eingeführt wurde, konnte sich aber auch in diesen Beschreibungen der Trennung zwischen Kognition und Affektivität und der Spaltung zwischen den logischen Gedankensequenzen nicht wiederfinden. Schließlich wandte sie sich der Etymologie zu und fand heraus, daß der Begriff griechischen Ursprungs ist. Nun endlich, so erzählte sie, hatte sie etwas entdeckt, das sie mit ihren eigenen inneren Gefühlen in Verbindung bringen konnte. Sie sagte, daß die Wurzel des diagnostischen Begriffs gewöhnlich mit »gespaltene Seele« übersetzt werde; ohne dem Griechischen Gewalt anzutun, könne man das Wort aber auch mit »zerrissene Seele« übersetzen. Dies erschien ihr weit passender, denn sie hatte sich viele Jahre lang nicht als einzelne Person erlebt, sondern vielmehr als eine lose Ansammlung von Personen oder Selbsten, zwischen denen es keine innere Verbindung gab, so als sei sie vor langer Zeit in Stücke zerrissen worden. Sie sagte, daß sie ein soziales Selbst habe, eine Person, die sich gut mit anderen Menschen verstehe und beliebt sei. Sie habe ein politisch stark links orientiertes Selbst. Sie habe ein sexuelles Selbst, das sexuelle Beziehungen häufig und intensiv genießen könne. Sie habe ein humorvolles oder komisches Selbst, das es darauf anlege, andere zum Lachen zu bringen. Es gebe auch ein spirituelles Selbst, in dem Elemente aus der hinduistischen und der buddhistischen Tradition dominierten. Jedes dieser sogenannten Selbste habe seine spezifischen Eigenschaften und führe ein eigenes Leben; das Problem sei, daß sie keinerlei Beziehung untereinander hätten. Sie bezeichnete diese Selbste als »Inseln«, durch keine Landbrücke miteinander verbunden, und als »treibende Wesen« ohne gemeinsamen Mittelpunkt. Infolgedessen habe sie sich niemals wirklich real gefühlt, nie gewußt, wer sie wirklich sei – sie habe nicht einmal eine genaue Vorstellung davon, wie sie aussehe.

Der subjektive Zustand, den diese Patientin beschrieb, entsprach einer tiefen Fragmentierung, in der das grundlegende Gefühl der Selbstkohäsion verloren gegangen war. Es handelte sich nicht um einen Fall von Dissoziation, bei der verschiedene Sektoren des Selbsterlebens defensiv abgetrennt wurden, um unerträgliche Konflikte zu vermeiden, sondern um einen Zusammenbruch der primären Kohärenz des Selbsterlebens, einen Zerfall in eine Ansammlung subjektiv unzusammenhängender »Selbstkerne« (Kohut, 1971) ohne ein vereinigendes Zentrum.

Könnte die Art und Weise, wie die junge Frau den Begriff, mit dem ihr Psychiater sie diagnostizierte, phänomenologisch übersetzte, als Grundlage für ein neues Verständnis der Spaltung in der Schizophrenie dienen, für ein Verständnis, das dem Charakter des inneren Erlebens und insbesondere des Selbsterlebens des Patienten ein größeres Gewicht beimißt? Wir würden dies verneinen, denn der Begriff der Schizophrenie ist nun einmal ein diagnostischer und medizinischer Terminus, der von bestimmten Vorstellungen über Krankheitsprozeß und Symptomatik nicht mehr zu trennen ist und unlösbar mit Vermutungen und Hypothesen über die zugrundeliegende biologische Ursache zusammenhängt. Gleichwohl können wir Zustände der Selbstfragmentierung und das breitere Feld der Selbstverlusterfahrungen, innerhalb dessen diese Zustände einen spezifischen Fall darstellen, weiterhin psychoanalytisch erforschen. Unser Gegenstand entspricht in etwa demselben empirischen Gebiet, das in der traditionellen Psychopathologie als »Psychosen« bezeichnet wird, aber sie erfolgt nicht unter einem medizinischen, sondern unter einem konsequent phänomenologischen Blickwinkel.

Verschiedene Formen des Selbstverlusterfahrung[11]

Der Verlust der Kohäsion des Selbstgefühls kann sich auf dreierlei verschiedene Weise manifestieren, wobei auch Kombinationen möglich sind: (1) als psychische Fragmentierung, das heißt als Zerfall der psychischen Selbstheit in einzelne Stücke, die – wie in dem oben beschriebenen Fall – als unzusammenhängend empfunden werden; (2) als somatische Fragmentierung, bei der die Einheit und Integrität des Körpererlebens (vgl. Federn, 1926) verloren gehen, eine Erfahrung, die sich häufig durch eine schwere Hypochondrie ankündigt (Stolorow und Lachmann, 1980); und (3) als psychosomatische Fragmentierung, die zur Folge hat, daß der eigene Körper und die Psyche so empfunden werden, als hätten sie sich unwiderruflich voneinander getrennt (Stolorow und Atwood, 1992). Die innere Kohäsion in ihren verschiedenen Formen ist tatsächlich nur einer von mehreren Aspekten des Selbsterlebens, die von der Erfahrung des Selbstverlustes betroffen sein können. In Abbildung 1 haben wir einige dieser Aspekte provisorisch darzustellen versucht.[12]

[11] Ansätze zur einer Untersuchung verschiedener Dimensionen des Selbsterlebens und des Selbstverlusts finden sich bereits in den Überlegungen Daphne Stolorows, deren vorzeitiger Tod es ihr verwehrte, dieses Gebiet eingehender zu erforschen.

[12] Jede dieser Linien, die eine Dimension des Selbstverlustes repräsentieren, ist als bipolares Kontinuum zu verstehen. Der dunkle Bereich im Zentrum des Kreises entspricht Organisationsformen der Erfahrung, in denen das Selbstgefühl nicht in Frage gestellt ist.

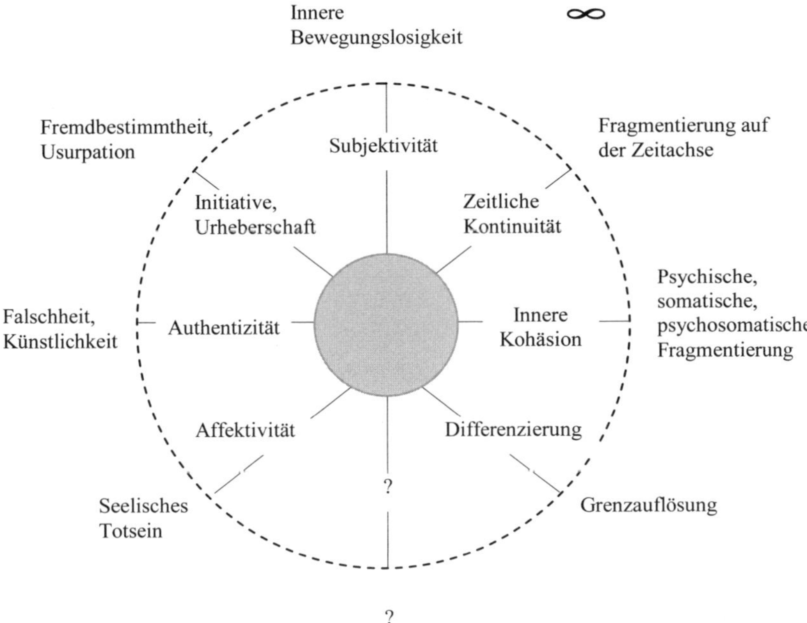

Abbildung 1

Die Dimensionen, in denen das Erleben des Selbstverlusts stattfindet, umfassen neben der inneren Kohäsion die Subjektivität, Affektivität, Authentizität und Initiative/Urheberschaft, die zeitliche Kontinuität und schließlich die vielleicht fundamentalste Dimension, nämlich die Selbstdifferenzierung. Wir haben diese subjektiven Zustände in einem Diagramm dargestellt, um die extremsten Störungen des Selbstgefühls, die im menschlichen Leben möglich sind, in einem Gesamtbild zu erfassen. Das Diagramm zeigt das psychische Chaos, in dem Eigenschaften und Merkmale unserer selbst, die wir gewöhnlich als selbstverständlich voraussetzen, in Frage gestellt oder sogar vernichtet werden. Wir beschäftigen uns hier mit Erfahrungen der folgenden Art: mit der Desintegration in zusammenhanglose Teile, mit der Auflösung in andere Menschen oder in die Welt der Materie, mit dem Gefühl, als seien die eigene Seele oder der eigene Geist in ihrem Kern auf ewig abgestorben, mit dem Gefühl, kein Subjekt mehr zu sein und sich in einen bewegungsunfähigen Gegenstand verwandelt zu haben, mit dem Gefühl, inauthentisch und unwirklich zu sein, eine Scheinexistenz ohne Substanz; mit dem Gefühl, nicht mehr sich selbst zu gehören, weil die eigenen Gedanken und Absichten einem fremden Willen gehorchen, sowie mit dem Gefühl einer extremen Diskontinuität der eigenen Identität, das einer Fragmentierung entlang der Zeitachse entspricht.

Der Hauptvorteil eines solchen konzeptuellen Schemas besteht darin, daß es uns ermöglicht, Ordnung in das Chaos zu bringen, indem es heterogene Manifestationsgruppen zusammenfaßt. So wird eine Verwandtschaft zwischen extrem unterschiedlichen klinischen Phänomenen erkennbar, indem wir die Wahnvorstellungen und Halluzinationen und das Agieren unserer Patienten als konkretisierte Abbilder ihres Erlebens und ihres Ringens mit diesen verschiedenen Formen der persönlichen Auslöschung zu verstehen beginnen: Eine Patientin zum Beispiel trägt acht Kleidungsschichten übereinander und versucht auf diese Weise verzweifelt, eine sich auflösende Grenze, nämlich die körperlichen Grenzen ihrer eigenen Selbstheit, wiederherzustellen. Eine zweite Patientin führt systematisch verschiedene Tagebücher, in denen sie detailliert festhält, was tagtäglich mit ihren einzelnen Körperteilen geschieht – ein Versuch, das Gefühl einer körperlichen Fragmentierung rückgängig zu machen und angsterregende Gefühle der zeitlichen Diskontinuität zu überwinden. Ein dritter Patient fügt sich immer wieder Schnitt- oder Brandverletzungen zu, um intensive Schmerzgefühle zu empfinden und auf diese Weise einem unüberwindbaren Gefühl des inneren Abgestorbenseins zu entfliehen. Ein vierter beendet radikal sämtliche familiären Beziehungen, legt sich einen anderen Namen zu und unternimmt eine todesmutige Reise in die Wildnis, um seine lebenslange Unterwürfigkeit ein für allemal hinter sich zu lassen und ein Gefühl der persönlichen Authentizität und Urheberschaft zu festigen. Eine fünfte Patientin behauptet, von außerirdischen Kräften beherrscht zu werden, und bringt damit symbolisch ihre Erfahrung zum Ausdruck, daß ihr eigener Wille nicht mehr ihr selbst, sondern den Plänen anderer Personen gehorcht. Wenngleich die klinischen Manifestationen in all diesen Fällen erhebliche Unterschiede aufweisen, geht es doch immer um einen Kampf gegen das drohende oder bereits eingetretene Erleben des Selbstverlustes in einer oder mehreren der oben beschriebenen Dimensionen.

Betrachten wir nun zwei Einschränkungen, die diese schematische Zusammenfassung mit sich bringt. Erstens läuft jede derartige Darstellung einer begrenzten Anzahl von inhaltlichen Dimensionen Gefahr, verdinglicht und somit als erschöpfendes Schema sämtlicher Möglichkeiten des menschlichen Erlebens in diesem Bereich behandelt zu werden. Die Subjektivität wird die Kategoriensysteme, in die wir sie zu rahmen versuchen, indes immer sprengen; wir haben sowohl in unserer klinischen Tätigkeit als auch in Theorieseminaren während den vergangenen Jahre die Erfahrung gemacht, daß wir unser Diagramm der verschiedenartigen Erlebensweisen des Selbstverlustes immer wieder um neue Dimensionen ergänzen mußten. Ursprünglich gingen wir von einer dreiteiligen Struktur aus, die lediglich Kohäsion, zeitliche Kontinuität und Selbstdifferenzierung umfaßte. Jahr für Jahr aber tauchten klinische Phänomene auf, die durch die vorhandenen Dimensionen nicht adäquat abgedeckt wurden. Zuerst erwies es sich als notwendig, eine Dimension der Affektivität oder emotionalen Vitalität hinzuzufügen, um das Erleben des inneren Abgestorbenseins, dem wir in diesem Bereich so häufig begegnen, zu erfassen. In einem zweiten Schritt fügten wir die Authentizität und ihren Gegenpol hinzu, das heißt Gefühle der Künstlichkeit, der Unwirklichkeit und – im Extremfall – das Gefühl, nicht zu existieren. Es folgte die Dimension der Initiative und Urheberschaft mit gravierenden Störungen im Bereich Antriebskraft, Intentionalität und eigener Wille. Vor kurzer Zeit schließlich wurde uns klar, daß eine Dimension der Subjektivität unverzichtbar ist: das Gefühl, ein bewußtes, lebendiges und waches Subjekt in einer Welt zu sein, die als die eigene erlebt wird. Der Verlust des Subjektivitätsgefühls manifestiert sich in dem Eindruck, ein lebloser, bewegungsunfähiger Gegenstand zu sein.

Die zweite Einschränkung dieses konzeptuellen Schemas besteht darin, daß es sich ausschließlich auf individuelles Erleben konzentriert und dabei außer acht läßt, daß die Erfahrung des Selbstverlustes in konstitutive intersubjektive Felder eingebettet ist. Diesem Thema wollen wir uns nun zuwenden.

Der intersubjektive Kontext des Selbstverlustes

Bevor wir die intersubjektiven Felder zu definieren versuchen, die mit Erfahrungen des Selbstverlustes zusammenhängen, wollen wir einige Ereignisse aus dem Leben und der Behandlung einer jungen Frau schildern, die wir Anna nennen. Diese zwanzigjährige Patientin, die wir an anderer Stelle ausführlich beschrieben haben (Stolorow, Brandchaft und Atwood [1987], 1996, S. 201 ff.), war in einer frühen Phase ihrer Therapie von der Vorstellung besessen, einen Zustand erreichen zu müssen, den sie als »geboren werden« bezeichnete. Die Vorstellung, geboren zu werden, hing mit einem komplizierten Wahnsystem zusammen, das im analytischen Dialog langsam, nach und nach, auftauchte. Anna erklärte, daß sie wochenlang nicht gesprochen habe, um zu meditieren und den Prozeß zu beschleunigen, der in ihre »Geburt« münden würde. Das Haupthindernis, das dieser Geburt entgegenstand, war eine Anzahl kleiner Gegenstände, die sich tief im Innern ihres Nervensystems herauskristallisiert hatten. Diese Gegenstände, die sie als »Blöcke« und »Wände« bezeichnete, erschwerten den Geburtsprozeß und hielten sie in der Schar der »Ungeborenen« gefangen. Während ihrer Meditationen hatte sie die Blöcke und Wände »aufzulösen« versucht und ihrem eigenen Bekunden nach erhebliche Fortschritte dabei gemacht – sie sei bis an die Schwelle des Geborenwerdens gelangt. Sie brachte ihre Überzeugung zum Ausdruck, daß ihr Analytiker bereits geboren worden war, und betrachtete ihn als ihren »größten Geburtshelfer«.

Die Blöcke in ihrem Innern bildeten sich auf folgende Weise: Namenlose andere blickten sie an und entsandten aus ihren Augen Strahlen, die den Raum durchquerten und auf ihr Gesicht trafen. Die Strahlen durchdrangen jede Schicht ihrer Haut und gelangten in ihren Schädel, wo sie sich einen Weg durch das Nervengewebe bahnten, um ins Zentrum ihres Hirns vorzudringen. Dort bewirkten sie eine mysteriöse Verfestigung oder Kristallisation, und zurück blieben jene Dinge, die Anna als »Blöcke« bezeichnete. Sie beeinträchtigten ihre Gedanken und brachten ihren »Geburtsprozeß« zum Stillstand.

Annas Therapeut, der diese Vorstellungen zunächst überhaupt nicht verstand, wurde rasch in die Wahngebilde einbezogen. Anna begann, ihm vorzuwerfen, daß er sie »blockiere« und ihre »Auflösungsarbeit« zunichte mache. Wenn der Therapeut in den Sitzungen glaubte, mit Anna ein harmloses Gespräch über alltägliche Ereignisse zu führen, starrte sie ihn häufig ganz unvermittelt intensiv an und sagte: »Sie blockieren mich, Sie blockieren mich! Hören Sie damit auf, bitte hören Sie auf!« Wenn er auf ihre Anklagen reagierte und sie bat, genauer zu erklären, was er ihr angetan hatte, sah sie ihn ungläubig an und wiederholte ihre Forderung, er solle sofort damit aufhören. Sie antwortete auf all seine Fragen: »Hören Sie auf, mich zu blockieren! O Gott, es bringt mich um! Ich war an der Oberfläche, aber jetzt sinke ich, ich sterbe! Ich sinke, sinke, sinke... weg!«

Ihr Therapeut war hilflos, und es fiel ihm zunehmend schwer, sich Sitzung für Sitzung, Woche für Woche ihre wiederholten Bitten anzuhören, sie nicht mehr zu »blockieren«, zumal er nicht den kleinsten Aspekt seines eigenen Verhaltens identifizieren konnte, der dem, was sie zu erleben schien, entsprach. Als er die Details ihrer Wahnvorstellungen genauer kennenlernte, wurde ihm klar, daß auch aus seinen Augen »Strahlen« kamen und in ihren Kopf eindrangen, aber er wußte nicht, wie er auf das, was Anna sagte, reagieren oder wie er ihr Leiden lindern sollte. Schließlich gewann er den Eindruck, als klage ihn Anna einer seelischen Vergewaltigung oder des Gehirnmordes an, und am Ende reagierte er auf ihre unablässigen Vorhaltungen, indem er sie schlicht bestritt. Er sagte, daß er Anna nicht »blockiere«, daß seine Augen keine »Strahlen« entsandten und daß derartige Dinge physikalisch gar nicht möglich seien und nur in Science-fiction-Produktionen vorkämen. Da es ihm nicht gelang, ihre Aussagen und Forderungen anders als auf der wörtlichen, konkreten Ebene zu verstehen, empfand er ihre Mitteilungen zunehmend als Angriff auf seine Selbstdefinition und sein Realitätsgefühl. Seine Reaktion, ihren Wahn nicht anzukennen, beruhte also auch auf seinem Bedürfnis, die Wirklichkeit *seiner eigenen* Überzeugungen zu bestätigen. Anna reagierte darauf, indem sie sich von ihm abwandte und verstummte. Mehrere Sitzungen folgten nun dem Muster, daß Anna dem Analytiker vorwarf, sie zu »blockieren« und »Wände zu bauen«, und er die Realität ihrer Behauptungen bestritt, woraufhin die Patientin bis zum Ende der Sitzung schwieg.

Durchbrochen wurde diese Sackgasse schließlich, als der Therapeut begriff, daß sich zwischen ihren jeweiligen Erfahrungswelten eine tiefe Kluft aufgetan hatte. Den Kontext dieser Erkenntnis bildete nicht nur die fortgesetzte, intensive Arbeit mit der Patientin; er umfaßte auch Entwicklungen, die sich im Selbstverständnis des Analytikers vollzogen und mit seinen eigenen frühen Verlusterfahrungen gekoppelt waren, insbesondere mit den Auswirkungen der Nicht-Anerkennung bestimmter, mit seinem frühen Trauma zusammenhängender Umstände. Diese neugewonnene Perspektive ermöglichte es ihm, von dem wörtlichen Inhalt der Wahnvorstellungen seiner Patientin einen Schritt zurückzutreten und deren Bedeutung im Kontext ihrer Lebensgeschichte anders zu verstehen. Als beide gemeinsam im Laufe der Behandlung Annas Biographie rekonstruierten, kristallisierte sich als zentrales Thema die Nicht-Anerkennung ihrer Gefühle und Wahrnehmungen durch ihre Eltern heraus, die jeden Wunsch nach Selbstabgrenzung und Autonomie während ihrer ganzen Entwicklung vereitelt hatten (siehe Stolorow, Brandchaft und Atwood, 1987, 9. Kapitel, S. 201ff.), so daß Anna ihre eigene Existenz praktisch nicht mehr wahrnahm und sie bestenfalls wie einen flüchtigen Schatten erlebte. Als ihr Therapeut diese Situation klarer erfaßte, sah er auch, daß Anna, um sich real und anwesend fühlen zu können, auf die Möglichkeit angewiesen war, in eine archaische Selbstobjekt-Bindung eintauchen zu können, die ihr Erleben überzeugend bestätigen würde. Ihm wurde ferner bewußt, daß jede Situation, in der er sich, und sei es nur für einen Augenblick, nicht auf den subjektiven Zustand der Patientin einstimmte, in Anna das Gefühl einer existentiellen Vernichtung auslöste. Die persekutorischen Wahnvorstellungen, die mit den Blöcken und Wänden zusammenhingen, wurden nun als Versuch Annas verständlich, ihre eigene psychische Existenz zu schützen. Der »Block« erwies sich als konkretistisches Symbol für die Folgen, die sie verspürte, wenn andere sich nicht auf ihr Erleben einstimmten und es nicht anerkannten. Diese verheerenden Auswirkungen, die die Fehlabstimmungen des *Analytikers* auf sie hatten, versuchte sie zu artikulieren, indem sie ihn in ihr Wahnsystem einbezog. Sie erlebte sein Versagen als extreme, gegen ihre Existenz gerichtete Gewalt, die sie symbolisch durch das Bild der Strahlen zum Ausdruck brachte, die ihre Gesichtshaut durchdrangen und im Zentrum ihres Gehirns leblose Dinge ablegten. In der Ansammlung »blokkierender« Substanzen konkretisierte sich ihr Gefühl, daß sich innere Spontaneität und Subjektivität in die Unbeweglichkeit toter Materie verwandelt hatten. Die »Auflösungs«arbeit und die Vorbereitung ihrer »Geburt« hingegen symbolisierten ihren Versuch, die Gewalt zu bekämpfen und ein stabiles Gefühl für ihre eigene Existenz in der Welt zu entwickeln.

Annas Therapeut sah nun, daß sie seine ablehnende Haltung gegenüber ihren persekutorischen Wahnvorstellungen als eine neuerliche Verfolgung erlebt hatte, die jede Möglichkeit eines heilenden Dialogs zwischen ihnen verhinderte. Als er ihr erklärte, daß seine Augen keine »Strahlen« entsandten, die in ihr Gehirn eindrangen, nahm er Anna die einzige Möglichkeit, den destruktiven Einfluß dessen, was er und andere taten, zu symbolisieren und mitzuteilen. Er versäumte es insbesondere, ihre realistische Wahrnehmung seiner *aktuellen* schwankenden Abstimmung auf ihre subjektiven Zustände anzuerkennen, und leugnete damit auch die entsprechenden Schwankungen ihres eigenen Gefühls, wirklich zu existieren. Damit wiederholte er zudem alte pathogene Interaktionsmuster aus Annas Biographie: Sie hatte immer wieder erfahren, daß emotional wichtige andere Menschen ihr Erleben konsequent ablehnten und sie drängten, ihren Vorstellungen darüber, wer sie sein sollte, zu entsprechen.

In dieser Behandlungsphase war Anna darauf angewiesen, daß ihr Analytiker sie begleitete, wenn sie den Schwankungen zwischen Sein und Nichtsein ausgesetzt war. Wenn sie die vernichtenden Folgen seiner Fehlabstimmungen wahrnahm und diese Wahrnehmung mit dem Bild der »Blöcke« symbolisierte, die sich in ihr aufbauten, war es für sie wichtig, daß der Analytiker den Zusammenhang zwischen dem, was er getan (oder nicht getan) hatte, und dem, was sie erlebte, anerkannte. Kurz, er mußte Anna vermitteln, daß er verstand, daß er und andere sie tatsächlich »blockiert« hatten, sie unentwegt nicht verstanden und nicht in einer Weise reagiert hatten, die ihre Fähigkeit hätte stärken können, die kontinuierliche Realität ihres eigenen Seins wahrzunehmen. Der Analytiker hörte deshalb auf, die Realität ihrer wahnhaften Vorwürfe zu bestreiten, und begann, auf eine neue Weise auf ihre Bitten und Beschuldigungen zu reagieren. Wenn sie schrie, daß er sie »blockiere« und daß sie »sinke« und »sterbe«, erklärte er ihr, es tue ihm sehr leid, daß sie aufgrund seines Verhaltens so etwas Furchtbares erleben müsse. Er habe sie aber nie absichtlich verletzen wollen und hoffe, gemeinsam mit ihr einen Weg zu finden, um den Schaden wiedergutzumachen. Wenn der Therapeut in dieser freundlichen Weise zu ihr sprach, drangen aus seinen Augen keine Strahlen mehr. Der gesamte Wahn klang ab, denn nun konnte Anna ihre Kontakte zu ihrem Analytiker als Bestätigung und Anerkennung erleben, statt sich von ihm verfolgt zu fühlen. Sie reagierte auf seine neue Kommunikationsform mit dem Gefühl, wieder zu existieren. Diese Wiederherstellung, die sich während der folgenden Sitzungen viele Male wiederholte, übte auch auf ihre übrigen Wahnideen einen dramatischen Einfluß aus. Insbesondere spielte das Thema, »Auflösungsarbeit« leisten zu müssen, um geboren zu werden, in den Gesprächen keine Rolle mehr.

Der wahnhafte Zustand dieser Patientin hing mit der wiederholten Erfahrung zusammen, durch die Nichtanerkennung ihres Erlebens psychisch vernichtet zu werden, das heißt mit Erfahrungen des Selbstverlustes, die sie in einer konkretistischen Symbolsprache und in einer für andere Menschen außerordentlich schwer verständlichen Weise zum Ausdruck brachte. Vor einigen Jahren wies uns ein Kollege darauf hin, daß die Struktur von Annas Verfolgungswahn exakt der Struktur jener

Zuschreibung entspreche, die durch die Diagnose Schizophrenie – als medizinische Krankheit verstanden – erfolge.[13] Anna nahm Strahlen aus den Augen anderer Personen, zu denen vorübergehend auch ihr Analytiker gehörte, wahr, die im Zentrum ihres eigenen Gehirns eine materiellen Substanz entstehen ließen. Der medizinische Blickwinkel wiederum führt die Schizophrenie – vor allem wenn er sich vorrangig auf biologische Verursachungsfaktoren stützt – auf einen physischen Defekt des Gehirns zurück und versteht daher wichtige Erlebens- und Verhaltenssektoren des Patienten als Resultat dieses inneren Defekts. Könnte sich Annas Wahn als Repräsentation ihrer Wahrnehmung entwickelt haben, durch die medizinisch-diagnostische Linse der biologisch orientierten Psychiatrie betrachtet zu werden? Eine solche Deutung stellt die Validität eines biologischen Verständnisses in der entsprechenden wissenschaftlichen und medizinischen Terminologie nicht in Abrede; sie unterstreicht aber, daß wir nicht umhin können, auch die *Wirkung* zu berücksichtigen, den der Gebrauch diese Perspektive auf das Selbsterleben solch ungemein verletzlicher Patienten ausübt. Daß man ihr eine Geisteskrankheit unterstellte, die sie selbst konsequent bestritt, muß Anna zwangsläufig als extreme Nicht-Anerkennung erlebt haben, denn eine solche Perspektive verstellt dem Beobachter den Blick auf den konstitutiven Einfluß, den er selbst auf die Patientin ausübt, indem er deren Reaktionen einem pathologischen, allein in ihrem Inneren lokalisierten Faktor zuschreibt.

Das intersubjektive Feld, in dem Selbstverlusterfahrungen und Wahnideen auftauchen, wie Anna sie zum Ausdruck brachte, ist gewöhnlich durch eine extreme Verwundbarkeit und das Bedürfnis nach archaischer Anerkennung einerseits sowie durch Mißverstehen, Verdinglichung und Nicht-Anerkennung andererseits charakterisiert. Wenn in diesem Feld eine Bewegung stattfindet und der Patient zu spüren beginnt, daß er sich auf das benötigte Verständnis und die Bestätigung, auf die er angewiesen ist, verlassen kann, treten das Vernichtungserleben und die mit ihm assoziierten Wahnideen in den Hin-

[13] Wir danken Michael Gara für diese interessante Deutung.

tergrund und klingen sogar vollständig ab. Sie tauchen dann erneut wieder auf, wenn die archaische Selbstobjekt-Dimension der Übertragung unterbrochen wird.

Das Erleben des Selbstverlustes resultiert unserer Ansicht nach aus einer intersubjektiven Katastrophe, nämlich aus der Erfahrung, daß psychisch lebensnotwendige Beziehungen zur menschlichen Umwelt auf ihrer elementarsten Ebene zusammengebrochen sind. Möglicherweise sind die verschiedenen Varianten dieses Vernichtungserlebens in je unterschiedlich organisierte intersubjektive Konfigurationen eingebettet. Eine in diesem Zusammenhang besonders wichtige Konfiguration hängt mit der pathologischen Anpassung (Brandchaft, 1993) und der extremen Usurpation von Urheberschaft und Subjektivität zusammen, einem psychischen Desaster, das zum Beispiel in dem Wahn vom Beeinflussungsapparat Ausdruck finden kann.

Der Wahn vom Beeinflussungsapparat

Victor Tausk (1917) hat diese Wahnvorstellung in seinem Beitrag »Über die Entstehung des ›Beeinflussungsapparates‹ in der Schizophrenie« detailliert beschrieben: Der von den Verfolgern betriebene Apparat ist eine Maschine mystischer Beschaffenheit, deren Aufbau nur vage erahnt wird. Alle Kräfte und Energien aus der modernen Technik können an ihrer unheilstiftenden Aktivität mitwirken, vor allem bestürzend aber sind für den Patienten die Präzision und die Quelle ihrer Macht, der er sich nicht entziehen kann. Im allgemeinen sendet der Apparat Strahlen, Wellen oder andere unsichtbare Emanationen aus, die in den Körper, ins Gehirn oder in die Seele des Patienten eindringen. Bilder, Gedanken, Gefühle, Körpersensationen und verschiedene motorische Phänomene treten als direktes Resultat der Beeinflussung auf und werden vom Patienten als etwas Fremdes, als Erzeugnisse eines fremden Willens, wahrgenommen. In der Macht des Apparates steht es auch, den Gedanken und Gefühlen des Patienten Einhalt zu gebieten, sie zu blockieren oder sie ihm zu entziehen, und all diese Wirkungen werden gewöhnlich so empfunden, als seien elektrische, magnetische oder unmittelbar einwirkende mechanische Kräfte, die unsichtbar am Kopf oder am ganzen Körper des Patienten angebracht sind, beteiligt.

Für eine der wichtigsten Überlegungen, die Tausk in diesem Beitrag über die Phänomenologie der Psychose formuliert, halten wir den von ihm als zentrales Symptom bezeichneten »Verlust der Ichgrenzen« – in unsere Terminologie übersetzt: das Erleben einer Auflösung der Grenzen oder eines Selbstverlustes in der Dimension der Selbstdifferenzierung. Als typische Manifestation beschreibt Tausk in diesem Zusammenhang die Klage des Patienten, daß alle Leute seine Gedanken kennen, daß diese Gedanken nicht in seinem Kopf eingeschlossen seien, sondern sich in der ganzen Welt verbreiteten und sich in den Köpfen aller Menschen gleichzeitig abspielten. Merkwürdigerweise scheint Tausks eigentliche Deutung des psychischen Ursprungs dieses Beeinflussungswahns mit dieser Formulierung nicht vereinbar. Tausk unterscheidet in bezug auf die Genese des Wahns drei charakteristische Stadien. Im ersten Stadium empfindet der Patient beunruhigende innere Veränderungen psychischer und physischer Art, die er aber noch nicht auf irgendeinen spezifischen Verursacher zurückführt. Im zweiten Stadium werden die inneren Veränderungen psychisch abgelehnt und zunehmend als fremd empfunden; langsam taucht in der Vorstellung ein Verursacher auf, der sich irgendwie innerhalb der Grenzen des Patienten selbst befindet. Im dritten und letzten Stadium schließlich entwickelt sich ein Verfolgungsgefühl; die verstörende innere Veränderung wird auf die Außenwelt projiziert und einer fremden, feindseligen Macht zugeschrieben, die den Beeinflussungsapparat bedient. Das Bild des Apparates selbst entsteht Tausk zufolge, indem das pathologisch regredierte Erleben des mit dem männlichen Genitale identifizierten ganzen Körpers auf die Außenwelt projiziert wird. Die Überlegung, daß der Apparat beziehungsweise der projizierte eigene Körper mit dem männlichen Genitale identifiziert sei, wurde offenbar von Freuds (1900a) Erläuterung der sogenannten Maschinenträume beeinflußt. Hierbei handele es sich, so Freud, grundsätzlich um eine phallische Symbolik. Im Einklang mit der klassischen psychoanalytischen Sichtweise bleibt Tausks Analyse rein intrapsychisch; er führt die Maschine und den von ihr ausgehenden Einfluß auf innere Konflikte des Patienten selbst zurück.

Der Abwehrmechanismus der Projektion, der in Tausks Analyse eine zentrale Rolle spielt, impliziert eine Verlagerung psychischer Eigenschaften vom Selbst auf andere Personen oder auf die Welt, die als ein »Außen« erlebt werden, und setzt somit eine stabile Begrenzung des eigenen Selbst voraus. Die eigentliche Funktion der Projektion besteht darin, verleugnete, abgelehnte Inhalte dem Bereich des »Nicht-Ich« zuzuschreiben; wenn das, was »Ich« ist, und das, was »Nicht-Ich« ist, keine stabile Begrenzung haben, die den Ich- beziehungsweise Nicht-Ich-Bereich definieren, macht es wenig Sinn, von einer Projektion auf eine andere Person zu sprechen. Darüber hinaus ist der Beeinflussungsapparat unserer eigenen klinischen Erfahrung zufolge nicht stabil im subjektiven Raum installiert. Er kann sich hier oder dort befinden, innerhalb oder außerhalb, unter Umständen sogar überall; was diesen Aspekt betrifft, so besitzt der Raum an sich bei psychischen Zuständen, die mit diesen Phänomenen einhergehen, keine stabile Geometrie und ganz gewiß keine klare Abgrenzung der persönlichen Selbstheit. Im Einklang mit Tausks Beschreibung des Verlustes der Ichgrenzen ist der Apparat immer *beides:* sowohl innen als auch außen, denn die »Einflüsse« wirken grundsätzlich direkt auf das Innere des Körpers oder des Gehirns und zumeist sogar direkt auf die Gedanken des Patienten ein.

Relativ stabil bleibt in diesem Erleben indes die Wahrnehmung des Patienten, einem fremden Einfluß ausgesetzt zu sein, einem Willen zu gehorchen, der nicht der eigene ist. Indem Tausk die Beeinflussung durch den Apparat als Projektion deutet, verwechselt und verwischt er das Erleben eines *subjektiven Ortes* (innen oder außen) mit dem Erleben von *Fremdheit.* In dieser Hinsicht folgt er Freud (1911c), der Schrebers Eindruck, daß ihm seine eigenen Gedanken zum Teil absolut fremd seien, als Resultat einer Projektion gedeutet hatte. Die Gedanken kreisten um die Vorstellung, daß es höchst angenehm sein müsse, sich als Frau der »Wollust« und »Seligkeit« des Geschlechtsverkehrs »auszuliefern«, und bildeten die erste Stufe im Aufbau eines komplizierten Wahnsystems. In seinen *Denkwürdigkeiten eines Nervenkranken* beschreibt Schreber, daß solche Gedanken unmöglich seine eigenen sein könnten; daher müßten sie ihm durch den verfolgenden, möglicherweise telepathischen Einfluß einer anderen Person irgendwie eingegeben worden sein. Freud führte Schrebers Gefühl, fremde Gedanken zu denken, auf die defensive Verleugnung und Projektion eines zugrundeliegenden, unbewußten homosexuellen Impulses zurück, das heißt auf Schrebers eigene, wenn auch unbewußte Wünsche. Der paranoide Zustand, in dem sich Schreber Verfolgungen und Einflüssen ausgesetzt sah, wurde so mit einer defensiven Umwandlung intrapsychischer Spannungen und Konflikte erklärt.

Schreber entwickelte schließlich die Idee, das Gott selbst ein Komplott gegen ihn angestiftet hätte, um seine Seele zu morden und ihn in eine Frau zu verwandeln. Das Bild Gottes, das in Schrebers wahnhafter Welt auftauchte, hat eine auffällige Ähnlichkeit mit einer riesigen Maschine, die sich irgendwo im Ursprung und Zentrum des Universums befindet und »Strahlen« aussendet, die Schrebers ganzes Sein durchdringen und alle erdenklichen (als »Wunder« bezeichneten) Veränderungen in seinem Denken und Fühlen und in seinem Körper bewirken.

Während Freud diese Wahnvorstellungen auf Schrebers unbewußte homosexuelle Bindung an den Vater zurückführte, haben zeitgenössische Forscher (vgl. Schatzman, 1973; Niederland, 1984; Orange, 1995) überzeugend und zwingend nachgewiesen, daß sich in Schrebers Verfolgungsideen eine primär verfolgende Realität widerspiegelte – als Kind war Schreber gezwungen worden, sich passiv den autokratischen, extrem bizarren Erziehungspraktiken seines Vaters zu unterwerfen. Frau zu sein repräsentierte für ihn eine durch Passivität charakterisierte Haltung, die gehorsame Unterwerfung unter den Willen des anderen. In diesem Sinn verstanden, bildeten seine Gedanken über die »selige Wollust«, die es ihm bereiten würde, als Frau dem Beischlaf zu »unterliegen«, die passive Unterordnung ab, die sein Vater bedingungslos einforderte und ohne die er jede Verbindung zu ihm verloren hätte. Wir sehen also, daß diese Gedanken keineswegs ein (bewußtes oder unbewußtes) authentisches sexuelles Bedürfnis Schrebers repräsentierten, sondern daß sie in einer *sexualisierten*, aber eindeutigen Sprache die Aufgabe seines Gefühls der persönlichen Urheberschaft und Initiative zum Ausdruck brachten, die »Unterwerfung« unter den alles bestimmenden Plan und Willen seines Vaters.

Der Wahn, durch einen Apparat beeinflußt zu werden, repräsentiert unter einem intersubjektiven Blickwinkel zuallererst eine Konkretisierung des Gefühls, die persönliche Urheberschaft verloren zu haben. Die entscheidende Qualität der von der Maschine ausgehenden Einflüsse besteht darin, im Geist oder Körper des Patienten völlig unabhängig von dessen Eigeninitiative Veränderungen herbeizuführen. Die Kontinuität der eigenen Intentionalität des Patienten wird auf diese Weise zerstört, da sich Geist und Körper einem fremden Willen unterwerfen müssen. Der primäre Vorgang im intersubjektiven Feld dieses Wahns besteht unserer Erfahrung nach in einer extremen, pathologischen Anpassung, die mit einer Destabilisierung des Selbsterlebens einhergeht. Das Gefühl der Urheberschaft wird beeinträchtigt beziehungsweise durch eine Agenda ersetzt, die außerhalb der persönlichen Willenskraft des Patienten liegt, und diese Erfahrung findet ihren symbolischen Ausdruck in dem Bild von Einflüssen, die von einem physikalischen Objekt ausgehen und ins Selbst eindringen.

Ebenso wie Tausk haben auch wir eine Reihe von Fällen kennengelernt, in denen der Apparat eine eindeutig phallische Gestalt aufwies und der Einfluß in Bildern dargestellt wurde, die eine sexuelle Penetration nahelegten. Wir sind überzeugt, daß die sexuelle Bildvorstellung hier primär dazu dient, eine Vergewaltigung des Geistes, nicht des Körpers, zu repräsentieren. Einer der Autoren hat vor einigen Jahren mit einer Patientin gearbeitet, die für eine derartige sexuelle Symbolisierung ein recht drastisches Beispiel lieferte. Es handelte sich um eine sechzigjährige Frau, die in eine psychiatrische Klinik eingeliefert worden war, weil sie ins Haus des ehemaligen US-Präsidenten Harry Truman einzudringen versucht hatte, der damals in Independence, Missouri, lebte. Auf die Frage, was sie in Trumans Haus gewollt habe, antwortete sie: »Truman hat meinen Kopf! Er hat meinen Kopf gestohlen, ich will meinen Kopf wieder haben!« Nachdem man sie freundlich darauf hingewiesen hatte, daß sich ihr Kopf exakt an der Stelle befand, wo er hingehörte, und niemand ihn ihr weggenommen habe, schrie sie: »Truman! Truman!« Die Patientin erklärte außerdem, daß der ehemalige Präsident sich zusammen mit der Con-Edison Company, New York, gegen sie verschworen habe und daß riesige röhrenförmige Apparate konstruiert worden seien, um sie zu vernichten. Diese Maschinen, die sie lediglich als massive zylindrische Objekte beschrieb, waren an einem geheimen Ort verborgen und entsandten aus ihren Spitzen »gelbe Strahlen«. Die Strahlen durchquerten den Raum und mündeten der Beschreibung der Patientin zufolge direkt in ihrer Vagina. Von dort wanderte die Strahlenenergie langsam aufwärts durch ihren Körper bis in ihre Kehle, wo sie einen »kleinen Mann« entstehen ließen, ein Wesen, das in regelmäßigen Abständen die Kontrolle über ihre Stimme übernahm. Ihre Rede wurde häufig von unverständlichen Flüchen und Schreien unterbrochen, und sie selbst führte diese Unterbrechungen auf »den Mann in meiner Kehle« zurück.

Diese Wahnideen symbolisieren höchst anschaulich den Prozeß einer psychischen Usurpation, nämlich erstens in dem Bild des gestohlenen Kopfes und zweitens in der Vorstellung, daß der Mann, der sich in ihrer Kehle materialisiert hat, die Kontrolle über ihre Stimme übernommen habe. Die Einbeziehung Harry Trumans in den Verfolgungswahn hing, wie sich zeigte, zum Teil mit dem Namen des Expräsidenten zusammen: Truman, True-Man, der Mann mit der Wahrheit, der Wahrheit, der sich der eigene Geist unterwerfen muß. Die spezifisch sexuelle Metaphorik – die phallischen Apparate, die Strahlen aussenden, welche in die Vagina eindringen – symbolisiert die Wahrnehmung der Patientin, sich gehorsam einem invasiven, starken maskulinen Willen auszuliefern (Schreber).

Zwei Fragen erscheinen hinsichtlich der Bedingungen, unter denen sich der Wahn von der Beeinflussungsmaschine entwickelt, relevant. Erstens: Warum wird das Erleben, von anderen beeinflußt zu werden, bei einer pathologischen Anpassung überhaupt in wahnhafter Form konkretisiert? Die Antwort lautet unserer Meinung nach, daß die Bildung von Wahnideen in einem Kontext radikaler Nicht-Anerkennung erfolgt, in dem sich das Gefühl des Individuums, daß seine Wahrnehmungen und Empfindungen real und gerechtfertigt sind, auflöst und verloren geht (Stolorow, Brandchaft und Atwood, 1987). Indem der Wahn das Erleben, sich aufzulösen, in eine greifbare, konkrete Form faßt, bringt er den Versuch zum Ausdruck, an einer Realität festzuhalten, die zu entgleiten droht. Was diesen Punkt betrifft, steht unsere Sichtweise in einem krassen Gegensatz zur klassischen freudianischen Theorie, derzufolge sich ein Wahn entwickelt, wenn sich eine Person von einer äußeren Realität abwendet, die allzu schmerzhaft oder zu einer Quelle unerträglicher Konflikte geworden ist.

Die zweite Frage, die beantwortet werden muß, lautet: Warum wird die psychische Usurpation in Form der Beeinflussung durch einen *Apparat* konkretisiert? Eine Maschine ist geradezu die sinnbildliche Antithese zur Subjektivität und ein treffendes Symbol für das Erleben, als initiatives und aktiv handelndes Subjekt ausgelöscht zu sein. Das Eindringen mechanisch regulierter Substanzen oder Eigenschaften in die persönlichen, innersten Gedanken und Gefühle bedeutet die Auslöschung der Subjektivität und das Verschwinden der emotionalen Spontaneität. Auch das Gefühl, die eigene Kreativität mit unvorhersagbarem Ergebnis entfalten zu können, wird durch die leblosen Abläufe einer physikalischen Vorrichtung ersetzt. Wer der Gewalt eines solchen Apparates unterworfen ist, wird zu dessen Erweiterung und somit selbst zu einer Maschine.

Der intersubjektive Kontext des Wahns vom Beeinflussungsapparat ist durch eine extreme pathologische Anpassung charakterisiert, durch die Ersetzung des eigenen spontanen Wunsches und jeder Eigeninitiative durch einen fremden Handlungsplan. Indem man dem Willen eines anderen unterworfen wird, verliert man nicht allein die Handlungsfreiheit, sondern auch die Freiheit, zu denken, zu phantasieren und zu fühlen. Charakteristisch ist für diesen Kontext unseren Beobachtungen zufolge auch die Tatsache, daß die Herrschaft dieses anderen unsichtbar bleibt, so daß sich jede negative Reaktion auf die invasive Gefangennahme als unerklärlicher Ausbruch äußert, der vielleicht einen Makel widerspiegelt, der tief im eigenen Innern sitzt. Während das Gefühl der eigenen Urheberschaft immer umfassender und gründlicher ausgelöscht wird, taucht das Bild eines Apparates auf, in dem sich die fremde Macht, in deren lähmenden Griff man sich befindet, als todbringender Gegenstand verdichtet. Indem der Patient die Quelle der überwältigenden fremden Macht in Gestalt einer konkreten, materiellen Maschine verdinglicht, kapselt er einen Druck, der anderenfalls seine gesamte Subjektivität durchdringen würde, gewissermaßen ein, um ihn so zu lokalisieren. Die Konzentration auf das Bild eines Apparates vermittelt möglicherweise auch die illusorische Hoffnung, sich die Initiative und Urheberschaft zurückerobern zu können, denn ein solch greifbarer, in der Außenwelt lokalisierter Gegenstand kann zumindest theoretisch aufgespürt, abgeschaltet oder zerstört werden.

Defekte des Selbst[14]

Als weiteres Beispiel für das neue Verständnis, das die Erforschung des intersubjektiven Kontextes der Erfahrung des Selbstverlustes ermöglicht, wollen wir nun die selbstpsychologische Doktrin der Selbstdefekte betrachten. Wir beginnen auch hier mit der Beschreibung einer jungen Frau, deren Erfahrungen und Wahnideen in diesem Zusammenhang relevant sind. Diese zweiundzwanzigjährige, hospitalisierte Psychiatriepatientin sagte, sie habe kein Selbst, sei nicht wirklich und existiere nicht. Sie sei nicht anwesend, sondern abwesend. Der Defekt ihres Selbst wurzelte, phänomenologisch gesprochen, nicht in einem vorbewußten »Gefühl des Unwirklichseins, der Unechtheit, des Nicht-ganz-Lebendigseins« (Kohut [1971], 1973, S. 239), das als Kern der narzißtischen Persönlichkeitsstörung beschrieben wurde; charakteri-

[14] Wir danken Bernard Brandchaft, dessen Einsichten in die Grenzen selbstpsychologischer Konzeptualisierungen früher pathologischer Erlebensorganisationen uns zu den folgenden Passagen dieses Kapitels angeregt haben. Er hat auch die erste Darstellung des Materials über das Konzept der Selbstdefekte kritisch kommentiert und eine Reihe wertvoller Vorschläge formuliert, die in den endgültigen Text eingegangen sind.

stisch für ihr Erleben war vielmehr *das bewußte Gefühl einer vollständigen Unwirklichkeit ihrer selbst.*

Eine wichtige Rolle in dem klinischen Kontext, in dem der Therapeut diese Patientin kennenlernte, spielte das Hungerprogramm, das sie in Angriff genommen hatte. Sie hatte viele Tage lang jegliche Nahrung verweigert und war dramatisch abgemagert, zumal ihr Gewicht bereits vorher sehr niedrig gewesen war. In den gemeinsamen Gesprächen erklärte sie, daß sie keine Nahrung zu sich nehmen könne, weil alles, was sie äße, unweigerlich jemand anderem weggenommen werden müsse. Außerdem bereitete es ihr große Sorgen, daß Tiere und Pflanzen geopfert werden mußten, damit sie selbst etwas zu essen hatte. Sie sagte, sie bestehe aus »reiner Liebe« und könne deshalb nichts tun, das andere Lebewesen benachteilige oder ihnen schade. Die Vorstellung, daß sie sich womöglich zu Tode hungern würde, schien für sie gar keine Bedeutung zu haben, so daß sie rationalen Argumenten gegen ihr Fasten nicht zugänglich war.

Der Therapeut begegnete dieser Patientin zunächst auf einer sehr konkreten Ebene. Ihm ging es weniger darum, das, was sie inszenierte, wirklich zu verstehen; vielmehr wollte er sie in erster Linie davon abhalten, sich zu Tode zu hungern. Er erklärte ihr, daß es lebensnotwendig sei, wieder mit dem Essen anzufangen, und daß er eine Lösung gefunden habe, die sicherlich auch für sie selbst akzeptabel sei. Er brachte Plastiktüten mit frischem Obst, mit Nüssen und Rosinen in die täglichen Sitzungen mit und erklärte, daß all das Obst und die Nüsse ganz spontan von den Bäumen in spezielle Körbe gefallen seien, die unter den Zweigen aufgestellt worden waren. Alles, was sie äße, wäre sonst verfault, so daß sie diese Nahrungsmittel nun ohne Bedenken essen könne und sich nicht sorgen müsse, anderen Lebewesen zu schaden. Für den Fall, daß sich die Patientin ausschließlich auf die völlige Absurdität seiner Worte konzentrieren sollte, blinzelte er ihr vorsichtshalber humorvoll zu. Sie schien seine Worte jedoch zu akzeptieren und begann, die Dinge zu essen, die er mitgebracht hatte. Später beteiligte sich auch ihr Psychiater an dieser Intervention, indem er Frühstücksdrinks in Dosen mitbrachte, die er zuvor mit einem Hammer verbeult hatte und der Patientin mit den Worten überreichte, er habe sie aus dem Abfall gerettet. Auch dies schien sie zu akzeptieren. Nach einigen Wochen und wiederum aus Gründen, die der Therapeut nicht verstand, verloren die Themen, hungern zu müssen und aus reiner Liebe zu bestehen, in den Gesprächen an Bedeutung und verschwanden schließlich ganz. In der Zwischenzeit akzeptierte sie weiterhin die Lebensmittel, die der Therapeut für sie besorgte, die Frühstücksdrinks und eine wachsende Zahl anderer Nahrungsmittel aus der Cafeteria der Klinik.

Einige Monate später gingen die Patientin und ihr Therapeut zusammen über das Klinikgelände, um in der Kantine Kaffee zu trinken und Doughnuts zu essen. Sie wandte sich ihm zu und erklärte folgendes: »Dort ist dieser riesige Apparat. In seinem Innern sitzt jemand, der an den Apparat angeschlossen ist. Aus dem Apparat kommen Drähte, und an sie ist eine andere Person angeschlossen. Der Apparat hat einen Schalter und nur zwei Programme. Wenn das eine Programm läuft, vergißt man all seine Erinnerungen und sogar seinen Namen; bei dem anderen Programm wird die andere Person durch elektrischen Strom getötet.«

Dieser bemerkenswerte Apparat konkretisiert ein Organisationsprinzip, nach dem das Überleben anderer Menschen von der Auslöschung des Erlebens der eigenen, authentischen Selbstheit abhängt. Wenn die Patientin ihre eigenen Erinnerungen, Gedanken und ihre Identität behält (symbolisiert durch ihren Namen), stirbt jemand anderer; wenn diese andere Person lebt, verliert die Patientin ihr ganzes Selbstgefühl. Eine partielle Isomorphie ist zwischen dieser wahnhaften Maschine und dem zuvor beschriebenen Aushungerungsprogramm zu beobachten – wenn sie Nahrung aufnahm und lebte, wurden andere geschädigt oder mußten sterben; um andere schützen zu können, mußte sie sich zwangsläufig selbst opfern. Die Gleichsetzung ihrer gesamten Identität mit »reiner Liebe« entspricht der Schalterstellung am Apparat, bei der andere Personen nur auf ihre Kosten geschützt werden können. In einem Universum, in dem es keine Alternative gibt als töten zu müssen, um zu leben, oder sterben zu müssen, um zu lieben, hatte sie sich für die Liebe entschieden.

Das Konzept der Selbstdefekte eröffnet eine klinische Perspektive, die unsere Konzentration auf das lenkt, was in der Erlebensweise, die wir zu verstehen versuchen, fehlt; das, was tatsächlich da ist, bleibt dabei jedoch außerhalb des Blickfeldes. Wenn wir die Welten unserer Patienten erforschen, orientieren wir uns an der Vorstellung eines optimal strukturierten Selbst, das als kohärent im Raum und kontinuierlich in der Zeit empfunden wird und mit einem stabilen Selbstwertgefühl ausgestattet ist. Die Disparitäten zwischen diesem theoretisch vorgefaßten Bild und dem, was wir am Patienten beobachten, werden dann als Manifestation von Selbstdefekten verstanden, die sich auf diese oder jene Entwicklungsdefizite oder –arretierungen zurückführen lassen. Wenn wir beispielsweise die beschriebene Patientin unter diesem Blickwinkel betrachten – den ihr Therapeut zu Beginn der gemeinsamen Arbeit tatsächlich einnahm –, konzentrieren wir uns in erster Linie auf ihr Gefühl, nicht zu existieren, auf das scheinbare Fehlen eines kohärenten und zeitlich kontinuierlichen Selbst. Und wahrscheinlich wären wir geneigt, diesen Mangel auf ein inneres, strukturelles und in ihrer Entwicklung wurzelndes Defizit zurückzuführen. Unberücksichtigt bliebe dabei aber vermutlich die Tatsache, daß ihre Erfahrungen des Nichtseins in eine gut konsolidierte Erlebensstruktur eingebettet waren und einem Organisationsprinzip gehorchten, demzufolge das Leben einzig die zwei einander wechselseitig ausschließenden Möglichkeiten bietet, entweder den Mord an anderen zuzulassen oder aber selbst den psychischen Tod zu erleiden.

Die Patientin hatte diese Struktur, die im Laufe der Behandlung rekonstruiert werden konnte, offenbar im Kontext einer verschmelzungsähnlichen Nähe zu ihrem Vater entwickelt, in der sie während eines Großteils ihrer Entwicklungsjahre die einzige zuverlässige Bindung fand – eine Nähe, die ihren Vater vor vernichtenden Wertlosigkeitsgefühlen und einer suizidalen Depression schützte. Mit Fortschreiten der Behandlung deutete sie die Entwicklung eines Gefühls, aus eigenem Recht zu existieren, in der vorübergehenden Wahnidee an, von einem Bienenschwarm angegriffen und gestochen worden zu sein. Ihr Therapeut verstand diese stechenden Bienen schließlich als konkretistische Symbole für sporadische Augenblicke, in denen sie ihr Sein (being, »bees«) auf schmerzhafte Weise wahrnahm und die todesähnliche Gefühlstaubheit, die zuvor ihr gesamtes Erleben bestimmt hatte, nachließ. In dem Bienenwahn war möglicherweise insofern auch noch eine Spur des Apparates enthalten, als die zunehmende Veränderung vom ihrem Gefühl der Selbstlosigkeit hin zu einer nicht länger verstrickten Position, in der ihr eigenes, spontanes Begehren im Kontext der neuen Bindung an ihren Therapeuten Anerkennung fand, unweigerlich mit einem intensiven Gefühl böser Vorahnungen und drohender Gefahr einherging. Der schmerzhafte Stich der Bienen entspricht vielleicht dem »elektrischen Schlag« der Maschine, der jede Erinnerung und Identität auslöscht. Ihre nach und nach wachsende Authentizität ging auf jeder Stufe mit einer verzehrenden Angst der Patientin um das Wohlergehen ihres Therapeuten einher, in der ebenfalls die enge Verbindung, die in ihrer Welt zwischen der Existenz als eigene Person und der Gefährdung emotional wichtiger Anderer bestand, zum Ausdruck kam.

Dieser Fall ist hervorragend geeignet, um die sehr unterschiedlichen Konzeptionen der psychischen Struktur in der Selbstpsychologie einerseits und der Intersubjektivitätstheorie andererseits zu beleuchten. In den ursprünglichen Formulierungen der Selbstpsychologie beschrieb Kohut (1971) die psychische Struktur als eine verdinglichte Konzeption des Selbst. Statt es lediglich als das intersubjektiv konstituierte Erleben der eigenen, individuellen Persönlichkeit – als Bewußtsein des »Ich-Seins« oder der »Ich-Erfahrung« des Individuums (Jones, 1995) – zu beschreiben, betrachtete er das Selbst als eigenständige psychisch-geistige Entität, die ihre angelegte innere Struktur durch Prozesse der (umwandelnden) Verinnerlichung mehr oder weniger erfolgreich entwickelt. In der Intersubjektivitätstheorie hingegen bezieht sich das Konzept der Struktur auf breite Muster, in denen Erfahrungen Gestalt annehmen, auf präreflexive Organisationsprinzipien, die sich als wiederkehrende Themen im Fluß des subjektiven Lebens (Stolorow, 1978) manifestieren. Wenn wir auf die Verdinglichungen verzichten, die den traditionellen selbstpsychologischen Formulierungen inhärent sind, und uns statt dessen auf das Konzept der Organisationsprinzipien stützen, erkennen wir, daß die Erfahrungen des Nichtseins und der Unwirklichkeit in unserem klinischen Fall keineswegs das Resultat irgendwelcher Defekte oder eines Strukturmangels darstellen. Diese Erfahrungen erwachsen als Produkt einer sehr spezifischen psychischen Struktur, nämlich des Organisationsprinzips, daß das Überleben des anderen von der Auslöschung des eigenen, authentischen Existenzgefühls abhängt.

In früheren Arbeiten, in denen wir die klassische Metapsychologie kritisch untersucht haben (Atwood und Stolorow, 1980, 1993), vertraten wir die Auffassung, daß zahlreiche verdinglichte Konstrukte der psychoanalytischen Theorie durchaus hilfreich als verdichtete Symbole verschiedener Erfahrungskategorien verstanden und daher in phänomenologische Begriffe rückübersetzt werden können. Wenn wir dieses Übersetzungsprojekt auf das Thema der vorliegenden Diskussion beziehen, stellt sich die Frage: Welche Erfahrungen werden im Konzept der Selbstdefekte tatsächlich verdinglicht? Unserer Meinung nach handelt es sich um zwei Gruppen solcher Erfahrungen, die jeweils auf einen spezifischen intersubjektiven Entstehungskontext rückverweisen. In einer dieser beiden Gruppen wird das Selbsterleben von einem Gefühl der Unzulänglichkeit beherrscht, einem angeborenen Makel, vielleicht auch von dem Gefühl, etwas ganz Wesentliches, über das eine vollständige Person zweifellos verfügen sollte, nicht zu besitzen. Ein intersubjektiver Kontext, der dieses Thema aktiviert, ist dadurch charakterisiert, daß die Bindungen zu Betreuungspersonen wiederholt unterbrochen werden, das Kind sich aber ein fragiles Gefühl der Verbundenheit bewahrt, indem es die Unterbrechungen oder seine eigenen schmerzhaften Reaktionen auf diese Erfahrung oder beides schamerfüllt auf eine Schwäche, eine Unzulänglichkeit oder einen Defekt in sich selbst zurückführt. Die zweite Erfahrungsgruppe ist durch die Beeinträchtigung des Gefühls, überhaupt zu existieren, charakterisiert, durch eine geschwächte Wahrnehmung des eigenen Seins. Ganz extrem illustriert dies der bereits geschilderte Fall. Ein häufiger intersubjektiver Entstehungskontext dieser Art des Selbsterlebens sind die extreme Nicht-Anerkennung und die Verknüpfung von Authentizität mit der Gefahr, emotional wichtige andere Menschen vollständig zu verlieren oder auszulöschen.

Das Verständnis des Selbst als verdinglichte Struktur, die durch Selbstobjekte genährt und gestärkt werden muß, legt den klinischen

Fokus auf das, was fehlt, und nicht auf das, was im Selbsterleben tatsächlich vorhanden ist. Dieser Fokus grenzt unseren Beobachtungshorizont gravierend ein, da er zu einer Homogenisierung der vielfältigen Übertragungsdimensionen führt und sie auf einen übersteigerten Selbstobjekt-Aspekt reduziert (Stolorow, 1995). Es wurde uns zum Beispiel klar, daß der Begriff *Selbstobjekt-Übertragung* zwei verschiedene Arten von Beziehungserfahrungen bezeichnet, die eindeutig unterschiedlichen Ursprungs sind und unterschiedliche Bedeutungen haben: Einerseits die Sehnsucht des Patienten nach der Bindung zum Analytiker, um fehlende Entwicklungserfahrungen nachträglich zu ermöglichen – in dieser Bedeutung hat Kohut den Begriff der Selbstobjekt-Übertragung ursprünglich verwandt. Andererseits geht es darum, daß der Patient auf Reaktionen des Analytikers hofft, die starren Organisationsprinzipien – Manifestationen dessen, was wir (Stolorow, Brandchaft und Atwood, 1987) als repetitive Übertragungsdimension bezeichnet haben – entgegenwirken können. Im ersten Fall sehnt sich der Patient nach etwas, das ihm fehlt; im zweiten sucht er ein Antidot gegen etwas, das auf überwältigende Weise präsent ist. Diese Unterscheidung hat bedeutsame Konsequenzen für die Formulierung von Übertragungsdeutungen, weil durch das In-eins-Setzen beider Arten des Beziehungserlebens zu einem einzigen, übergreifenden Selbstobjekt-Konzept Kohuts klinischer Beitrag verloren geht. Die Deutung der Spiegelungswünsche des Patienten beispielsweise fällt radikal unterschiedlich aus, je nachdem, ob der Patient nach der Spiegelung einer auftauchenden, seit langem verleugneten Erweiterung und Entwicklung seines Selbst sucht oder nach der Spiegelung einer defensiven Grandiosität, die ihm als Antidot gegen ein grundlegendes Gefühl der Unzulänglichkeit oder Defizienz dient (Morrison und Stolorow, 1997). Im ersten Fall unterstützen Spiegelungserfahrungen den Integrationsprozeß und die im Entwicklungskontext erfolgenden Veränderungen; im letzteren fördern sie die Sucht nach der »Responsivität« des Analytikers. Klinischen Phänomenen wie Suchterkrankungen, sexuellen Perversionen und aggressiven, grandiosen Inszenierungen liegt nicht die Suche nach archaischen Selbstobjekt-Funktionen zugrunde, sondern das Bedürfnis, Organisationsprinzipien zu modifizieren, die das Selbst überwältigen und niederdrücken.

Schlußfolgerung

Wir haben in diesem Kapitel ein kontextualistisches Verständnis verschiedenartiger Erfahrungen des Nichtseins illustriert. Dieses Verständnis relativiert und macht die Verdinglichung erstens jener Phänomene, welche die traditionelle Medizin als »Psychosen« bezeichnet, rückgängig und erkennt Phänomene wie Selbstverlust, Desintegration und Nichtsein erneut als reale Erfahrungen an. Zweitens erschließt das »Diagramm des psychischen Chaos« einen Weg, an dem wir uns inmitten dieser Erfahrungen persönlicher Vernichtung orientieren können, indem es scheinbar unterschiedliche klinische Phänomene unter einem einzigen konzeptuellen Dach versammelt. Drittens haben wir die intersubjektiven Kontexte beschrieben, in denen das Erleben des Selbstverlustes auftaucht, und dabei betont, daß extreme Nicht-Anerkennung, Gefügigkeit und Objektivation in spezifischen Formen der psychischen Desintegration ihren Ausdruck finden. Ein kontextualistisches Verständnis der intersubjektiven Ursprünge dieser Erfahrungen kann dem Kliniker kreative Möglichkeiten zur Umgestaltung von Systemen aufzeigen, die durch die Auslöschung der Persönlichkeit und der Beziehungen geprägt sind. Die Erforschung solcher psychotherapeutischen Interventionsmöglichkeiten bildet unserer Meinung nach einen der wichtigsten Bereiche der künftigen klinischen psychoanalytischen Forschung.

5

Kontextualistisches Denken und Arbeiten

> Nur das isolierte Wort zu betrachten und alle Impulse zu vernachlässigen, die darüber hinausweisen, ist genauso sinnlos, wie die Erfahrungswelt der Seele außerhalb des Kontextes des wirklichen Lebens zu studieren, des wirklichen Lebens, auf das sich diese Erfahrungswelt richtet und von der sie bestimmt wird.
>
> Mikhail M. Bakhtin
> *Discourse in the Novel*

Mit unserem Buch *Contexts of Being* (Stolorow und Atwood, 1992) haben wir die Wichtigkeit ins Blickfeld gerückt, Grundelemente wie die Psyche, das Unbewußte und die Geist-Körper-Beziehungen in ihren formativen und andauernden intersubjektiven Kontexten zu sehen. Wir haben die These vertreten, daß eine Psychologie des isolierten Geistes »die konstitutive Rolle ignoriert, die der Beziehung zum anderen in jeder subjektiven Erfahrung zukommt« (S. 9), und psychische Phänomene wie Trauma, Pathologie und Phantasie in den Entwicklungs- und Beziehungskontexten untersucht, die sie lebendig erhalten. Und schließlich haben wir den Ansatz, den wir als kontextualistisches Denken bezeichnen, auf klinische Probleme wie das therapeutisch Bündnis und Sackgassen in der Behandlung bezogen.

Weil wir in diesem Punkt häufig falsch verstanden werden, müssen wir betonen, daß der intersubjektive Blickwinkel die traditionelle psychoanalytische Konzentration auf das Intrapsychische *nicht* ersetzt, sondern das Intrapsychische *kontextualisiert.* Das Problem der klassischen Theorie war nicht die Fokussierung des Intrapsychischen an sich, sondern ihre Unfähigkeit zu erkennen, daß die intrapsychische Welt, die sich im Nexus lebender Systeme entwickelt und entfaltet, von Grund auf kontextabhängig ist. In *Contexts of Being* haben wir diesen Zusammenhang folgendermaßen beschrieben:

> Das Konzept des intersubjektiven Systems lenkt die Aufmerksamkeit sowohl auf die innere Erlebenswelt des Individuums als auch auf deren Eingebettetsein in andere derartige Welten und die kontinuierliche wechselseitige Beeinflussung, die zwischen ihnen besteht. Diese Perspektive schließt die Kluft zwischen dem intrapsychischen und dem interpersonalen Bereich – sie macht die alte Dichotomie obsolet. (S. 18)

Wir wollen diesen Gedankengang weiter ausarbeiten und behaupten, daß bereits die Unterscheidung zwischen Ein-Personen- und Zwei-Personen-Psychologien, an der sich derzeit lebhafte Diskussionen innerhalb der Psychoanalyse entzünden, unter dem Blickwinkel intersubjektiver Systeme obsolet ist, weil das Individuum und seine intrapsychische Welt nämlich als Subsystem in das umfassendere Beziehungs- oder intersubjektive Suprasystem integriert sind (Stolorow). Das Konzept einer Zwei-Personen-Psychologie repräsentiert schon an sich insofern eine atomistische Philosophie des isolierten Geistes, als es den Zusammenprall zweier getrennter Psychen (die »fensterlosen Monaden« des Philosophen Leibniz) postuliert. Eine solche Konzeption läßt die konstitutive Rolle der Bezogenheit für die Entstehung jeglicher Erfahrung unberücksichtigt. Wir sollten statt dessen von einer kontextuellen Psychologie sprechen.

Die Intersubjektivitätstheorie unterscheidet sich insofern von anderen psychoanalytischen Theorien, als sie keine spezifischen psychischen Inhalte postuliert, die in der Persönlichkeitsentwicklung und der Pathogenese universal dominieren. Es handelt sich um eine Prozeßtheorie, die breite methodologische und epistemologische Prinzipien für die Untersuchung und Erfassung der intersubjektiven Kontexte anbietet, in denen psychologische Phänomene einschließlich psychoanalytischer Theorien auftauchen. Sie liefert zudem einen Rahmen für die Integration unterschiedlicher psychoanalytischer Theorien, indem sie diese kontextualisiert. Unter einem intersubjektiven Blickwinkel betrachtet, können die inhaltlichen Themen verschiedenartiger metapsychologischer Konzepte – Freuds Ödipuskomplex, Kleins paranoid-schizoide und depressive Position oder das von Kohut beschriebene Bedürfnis nach Spiegelung, Idealisierung und Zwillingsschaft usw. – relativiert, entuniversalisiert und als eindrückliche Metaphern und Bilder verstanden werden, die in der subjektiven Welt *mancher* Menschen unter spezifischen intersubjektiven Bedingungen eine besondere Bedeutung erlangen. Persönliche Erfahrung wird hier als fließend, multidimensional und in höchstem Grade kontextsensibel verstanden, was bedeutet, daß vielfältige Erfahrungsdimensionen innerhalb eines stetig operierenden intersubjektiven Systems der wechselseitigen Beeinflussung zwischen Gestalt und Hintergrund oszillieren.

Nun jedoch möchten wir eine etwas andere Frage stellen. Wenn, wie wir es gelegentlich behauptet und grundsätzlich impliziert haben, Denken und Arbeiten unter unserem intersubjektiven Blickwinkel bedeutet, daß wir als Kontextualisten denken und arbeiten, so müssen wir fragen, was kontextualistisches Denken bedeuten könnte. Wir wollen zunächst die Frage selbst kontextualistisch untersuchen, und zwar in einem ganz spezifischen Kontext, nämlich dem historischen.

Von der Isolation zum Kontext

Seit den Zeiten Descartes', dessen eigener historischer Kontext durch die Kopernikanische Revolution und die Verurteilung Galileos geprägt war, galt das Streben nach Klarheit und Gewißheit als höchstes intellektuelles Ideal des westlichen Denkens. Descartes' eigenen Worten zufolge müssen wir uns auf »reine und eindeutige Ideen« verlassen können. Der Weg zu Reinheit, Gewißheit, Klarheit und Eindeutigkeit bestand darin, alles, was erforscht und untersucht wurde, zu isolieren. Heute würden wir sagen, daß man die Beeinflussung durch kontaminierende Variablen zu reduzieren versuchte. Descartes' Methode war der systematische Zweifel eines isolierten Individuums, einer »fensterlosen Monade«: Wenn er alles, was Anlaß zum geringsten Zweifel gab, zurückweisen könnte, würde das, was übrigbliebe, eine zuverlässige Grundlage allen Wissens bilden. Wenn wir Descartes' Denkexperiment betrachten, erkennen wir mit geradezu cartesianischer Klarheit, wie sehr der Standpunkt des Beobachters die angestellten Beobachtungen und die gezogenen Schlußfolgerungen beeinflußt. Ein isolierter Beobachter entdeckt einen isolierten Geist. In ähnlicher Weise erzeugt Lockes Empirismus ein »punktuelles Selbst«, um es mit Taylors (1989) Worten zu sagen, ein aus allen Bindungen herausgelöstes Selbst. Der Atomismus der modernen Epistemologie, dessen Konsequenzen für das psychoanalytische Denken von Orange (1995) beschrieben wurden, ist eine Folge der cartesianischen und Lockeschen Isolation. Das moderne Selbst ist ein Individuum, das von jeder Bezogenheit und Gemeinschaft isoliert bleibt und sich dem technischen Rationalismus – und in seiner romantischen Version einer erspürten Einheit mit der Natur – überantwortet.

In ähnlicher Weise betrachteten Empiristen wie Hume isolierte, bruchstückhafte Sinnesdaten als die einzigen Komponenten des Wissens. Jede Integrität persönlicher Identität oder persönlicher Selbsterfahrung wird durch isolierte Momente auf eine Illusion reduziert. Im zeitgenössischen psychoanalytischen Denken tauchen ähnliche Tendenzen in der neuerlichen Auseinandersetzung mit multiplen Persönlichkeiten oder Selbsten wieder auf (Bromberg, 1996; Harris, 1996; Flax, 1996). Wir müssen uns fragen, ob unterschiedliche Aspekte zwangsläufig keine bedeutsame Einheit oder Integrität besitzen. Wie die mittelalterliche Philosophie uns lehrte (Wuellner, 1956), sind verschiedenartige Unterscheidungen zu treffen, nämlich (1) die »realen Unterscheidungen« zwischen Entitäten, die man tatsächlich für teilbar hält, (2) die »vernunftgeleiteten« oder logischen Unterscheidungen zwischen Realitäten, die lediglich durch Worte oder Namen teilbar sind und Entitäten ohne reale Pluralität darstellen, und (3) vernunftgeleitete Unterscheidungen, die in der Realität gründen und gelegentlich auch als virtuelle Unterscheidungen bezeichnet werden (beispielsweise zwischen Geist und Körper oder zwischen der Unendlichkeit und der Vollkommenheit Gottes). Wir sollten fragen, ob sich die derzeit in Mode gekommenen Multiplizitäten auf Entitäten beziehen, die tatsächlich verschieden sind, oder auf Aspekte von Lebewesen, die lediglich zeitweise als verschieden wahrgenommen oder bezeichnet werden. Wenn letzteres zutrifft, wie erfassen wir dann die zugrundeliegende Einheit? Und wenn es sich um eine reale Differenz handelt, wie erfassen wir dann menschliche Urheberschaft und Verantwortlichkeit, falls wir davon ausgehen, daß der Mensch eine nicht reduzierbare Multiplizität verkörpert? Freilich, nicht jeder Aspekt eines Individuums – selbst eines Menschen mit philosophischen Neigungen – interessiert sich für diese Frage. Gleichwohl, wenn wir annehmen, daß jemand Interesse zeigt, wer ist dann dieser jemand? Dieses »Ich« ist eine Person, die sich selbst in bestimmten zeitlichen und relationalen Kontexten als interessiert an philosophischen Fragen erlebt. Entscheidend für einen Psychoanalytiker ist es, sich für die relationalen und intrapsychischen Kontexte zu interessieren, die bestimmte Konfigurationen der Selbstwahrnehmung entstehen lassen. Wir nehmen eine ontologische Kontinuität und Einheit der Person an, deren Erfahrung indes eine der Diskontinuität oder Kontinuität, der Vielheit oder der Einheit sein kann. Wir können nicht mit Hume und anderen Atomisten (vgl. Taylor, 1985) davon ausgehen, daß es kein kontinuierliches Ich-Erleben geben *könne.* Ohne das Bewußtsein, daß es verschiedenartige Unterschiede und Unterscheidungen gibt, degeneriert die im übrigen nützliche Aufmerksamkeit für multiple Aspekte der Erfahrung und der Bezogenheit zu einem Atomismus; mit einem organisierten Gefühl für die persönliche Kontinuität ist sie unter diesen Umständen nicht vereinbar.

Hegel (1807) unternahm vielleicht den ersten signifikanten Versuch, die atomistischen Grundannahmen des modernen Denkens zu überwinden. In seiner Dialektik sind alle Phänomene eingebettet in größere historische und intellektuelle Kontexte. Seine Analyse der Herr-Knecht-Beziehung, die unser Denken über Herrschaftsbeziehungen radikal verändert und rekontextualisiert hat, ist ein berühmtes Beispiel.

Aber Hegels *Weltgeist*[15] wurde mißverstanden, um andere Formen der Unterdrückung zu rechtfertigen, so daß sein Denken als Herausforderung des modernen philosophischen Atomismus allzu wenig berücksichtigt wurde.

Auch noch andere Quellen haben die Entwicklung unseres kontextualistischen Denkens unterstützt, nämlich die Phänomenologie, die Gestalttheorie, Mannheims Soziologie des Wissens, Tomkins' Überlegungen zur Psychologie des Wissens, die ontologische Hermeneutik Gadamers und die kontextualistische Philosophie Bakhtins, der Dekonstruktivisten und insbesondere Wittgensteins. Wir wollen uns die Beiträge dieser Autoren kurz ansehen.

Die Phänomenologie lenkt, wie wir in *Structures of Subjectivity* (Atwood und Stolorow, 1984) und *Emotional Understanding* (Orange, 1995) gezeigt haben, die philosophische und die psychoanalytische Erforschung auf die Erfahrung des Subjekts. Paradoxerweise aber konzentriert die phänomenologische Methode, Grundannahmen »einzuklammern« und Erfahrung auf diese Weise zu entkontextualisieren, die Aufmerksamkeit gerade auf jene Präkonzeptionen – wir nennen sie Organisationsprinzipien –, in die Erfahrung immer unauflösbar eingebettet ist. Das Scheitern von Husserls Versuch, zu reiner Subjektivität vorzudringen, hat uns die zentrale Bedeutung einer von Grund auf kontextualisierten Subjektivität erkennbar werden lassen. Solche Subjektivität kann, wie die heutigen Phänomenologen wissen, nur die Erfahrung eines historisch situierten Subjekts sein. Subjekt zu sein bedeutet, in den intersubjektiven Kontexten der Vergangenheit, Gegenwart und Zukunft zu stehen. Die phänomenologische Reduktion wird somit in eine phänomenologische Elaboration von Komplexität und Prozeß als Eigenschaften größerer relationaler Systeme transformiert. Die konsequente Konzentration auf die Organisation persönlicher Erfahrung und der Verzicht auf alle isolierten, verdinglichten mentalen Entitäten geben den Blick frei auf das unausweichliche Eingebundensein persönlicher Erfahrung in konstitutive intersubjektive Felder.

---

[15] Im Original deutsch (Anm. d. Ü.).

Die Gestaltpsychologie bildet eine zweite intellektuelle Quelle für kontextualistische Konzepte. Man vergißt leicht, wie radikal die Überlegung ist, daß jede Wahrnehmung durch die Umgebung determiniert wird. Wir müssen nicht nur die Vorstellung vom isolierten Geist als wissendem und erfahrendem zurückweisen, sondern auch bedenken, daß es nichts gibt, das wir abgetrennt von dem Kontext, in dem es erscheint, kennenlernen oder erleben könnten. Der Kontext konstituiert die Existenz eines Großteils, wenn nicht sogar all dessen, was wir wissen. Psychische Phänomene erhalten durch den Kontext Existenz und Bedeutung. Der Kontext determiniert die Vordergrund-Hintergrund-Oszillationen, auf die wir achten, wenn wir die Übertragung analysieren (Stolorow, Brandchaft und Atwood, 1987). Die Gestaltpsychologie steht im Einklang mit dem perspektivistischen Denken (Orange, 1995), wonach jede Realität unter einer unendlichen Anzahl von Perspektiven gesehen werden kann. Der Rashomon-Effekt – man denke beispielsweise an »Die Blinden und der Elefant« –, der bewirkt, daß verschiedene Beobachter ganz unterschiedliche Versionen ein und desselben Vorgangs sehen, resultiert aus dem Rekontextualisierungseffekt wechselnder Perspektiven.

Mannheims (1936) Soziologie des Wissens und Tomkins' Überlegungen zur Psychologie des Wissens (Atwood und Tomkins, 1976) haben unser frühes Bewußtsein für den kontextuellen Ursprung von Ideen nachhaltig beeinflußt; dies betrifft insbesondere die Entstehung psychoanalytischer Theorien, deren subjektive Grundlage wir in *Faces in a Cloud* (Atwood und Stolorow, 1993) untersucht haben. Hier schrieben wir, daß Mannheims Soziologie des Wissens »intellektuelle Phänomene im formativen sozialen und historischen Setting ihrer Entstehung sieht und die Abhängigkeit des Denkens von seinem sozialen Milieu untersucht« (S. 12). Das heißt, daß Wissen immer kontextabhängig ist. In ähnlicher Weise lehren uns Tomkins (1963, 1991) Studien über die Beziehung zwischen affektivem Erleben und Systemen des Wissens, daß wir die Kontexte der emotionalen Entwicklung, die psychoanalytische Konzepte färben und beeinflussen, untersuchen müssen.

Die philosophische Hermeneutik und insbesondere das Werk von Hans-Georg Gadamer (1975a; Orange, 1995) bilden eine weitere Quelle unseres kontextualistischen Denkens. Die Beschaffenheit der Präkonzeptionen, die Gadamer als »Vorurteile« bezeichnet, und die historische Matrix, von ihm als »Tradition« bezeichnet, stellen den Kontext jeder Interpretation und allen Verstehens her. Ein isoliertes Verstehen gibt es nicht.[16] In vergleichbarer Weise gibt es auch in der Psychoanalyse keinen isolierten Geist, keine isolierte Bedeutung – nichts ist isoliert. Deutung ist Gespräch, Verstehen heißt, gemeinsam Sinn zu erzeugen, und was auch immer verstanden und gedeutet wird, ist in relationale und historische Netzwerke eingebunden. Wenn wir verstehen, befinden wir uns grundsätzlich innerhalb des Kontextes und der Perspektive der Tradition. Psychoanalytisch verstehen wir nur unter einem relationalen Blickwinkel und innerhalb eines spezifischen intersubjektiven Systems. Psychoanalytische Bedeutungen werden immer gemeinsam erzeugt und sind immer kodeterminiert.

Durch einen pragmatischen (*nicht* instrumentalistischen) Kontextualismus hat die späte Philosophie Ludwig Wittgensteins (1953) unser Denken bereichert. Sein berühmtes Diktum »Die Bedeutung ist der Gebrauch« lenkt die Aufmerksamkeit fort von isolierter Bedeutung und Interpretation hin auf ein radikales, grundlegend kontextualistisches Verständnis von Bedeutung. In seinen späteren Schriften und Gesprächen hat Wittgenstein beinahe obsessiv die Bedeutung untersucht, die bestimmte Wörter innerhalb der sogenannten Sprachspiele haben können. Als *Sprachspiel*[17] bezeichnet er ein System von Bedeutungen, das dem, was innerhalb dieses Systems gesagt werden kann, Sinn – »Gestalt« – gibt. Das Sprachspiel selbst gehört in den größeren

[16] Mitunter wird dem postmodernen Denken irrtümlicherweise die Behauptung unterstellt, daß die Existenz intellektueller Vorannahmen automatisch jede Idee, die auf diese Weise kontextualisiert wird, wertlos mache. Unserer Meinung nach erklärt Putnam zu Recht, daß »die Tatsache, daß eine Deutung eine Sichtweise voraussetzt, nur dann beklagenswert« sei, »wenn die Sichtweise selbst beklagenswert ist« (Putnam, 1990, S. 130).

[17] Im Original deutsch (Anm. d. Ü.).

Kontext einer *Lebensform*.[18] Mit diesem Begriff bezeichnete Wittgenstein (1953) vermutlich die charakteristische menschliche Form des Lebens, zu der die Sprachbeherrschung gehört (vgl. Carver, 1994). »Können nur jene hoffen, die sprechen können? Nur jene, die den Sprachgebrauch beherrschen. Das heißt, die Phänomene der Hoffnung sind Modi dieser komplizierten Lebensform.« (S. 174)

Erst spät haben wir und andere in der westlichen Welt den dialogischen Kontextualismus Mikhail Bakhtins zur Kenntnis genommen. Seine Überlegung, daß wir alle viele Sprachen sprechen, die jeweils eine Perspektive auf die Welt repräsentieren, ähnelt Wittgensteins Ansatz.[19] Ein wichtiger Unterschied besteht allerdings insofern, als Bakhtin der regelgeleiteten inneren Kohärenz der Sprachen weniger Aufmerksamkeit widmet und die Betonung statt dessen stärker auf den Dialog zwischen den Sprachen legt. Die mit seinem – zu einem Großteil literaturwissenschaftlichen – Werk vorrangig assoziierten Begriffe sind »Dialog« und »Heteroglossia«. Heteroglossia bezeichnet in etwa die Vielzahl potentieller, in jeder Äußerung enthaltener Bedeutungen – jedes Wort und jeder Ausdruck gehört zu der spezifischen Sprache eines spezifischen Sprechers in einem spezifischen dialogischen Kontext: Es gibt »keine ›neutralen‹ Wörter und Formen« (Bakhtin, 1981). »Jedes Wort schmeckt nach dem Kontext und den Kontexten, in denen es sein sozial besetztes Leben gelebt hat; alle Wörter und Formen sind von Absichten bewohnt. Kontextuelle Untertöne sind im Wort unvermeidlich enthalten.« (S. 293)

Als wichtige Quelle des kontextualistischen Denkens hat sich auch die dekonstruktivistische Kritik der »postmodernen« Denker erwiesen, die sich gegen die Fundamentalphilosophie, den Objektivismus und die ontologischen Denkrichtungen des isolierten Geistes in all ihren

---

18 Im Original deutsch (Anm. d. Ü.).

19 Bakhtins Bruder Nikolai hat zahlreiche Gespräche mit Wittgenstein geführt, die dessen Übergang vom logischen Empirismus des *Tractatus Logico-Philosophicus* (Wittgenstein, 1921) zum Kontextualismus der *Philosphischen Untersuchungen* möglicherweise förderten (Monk, 1990).

Verkleidungen richtet. Wie Barrat (1993) betont, kann man die Psychoanalyse selbst als eine dekonstruktivistische Identifizierung und Kritik an unbewußt vertretenen Grundannahmen verstehen. Die klinische Tätigkeit von Analytikern, die intersubjektiv denken und arbeiten, beinhaltet in großem Umfang die Dekonstruktion von präreflexiven Prinzipien, die das Erleben eines Menschen seit langer Zeit organisiert oder ein spezifisches intersubjektives Feld strukturiert haben, einschließlich der Ideen, Institutionen und Verfahren der Psychoanalyse selbst (Rubin, 1998). Unser perspektivischer Realismus läßt den in extremeren postmodernen Ansätzen enthaltenen Relativismus nicht zu, gleichwohl aber halten wir die Infragestellung von Kategorien, rigiden Dichotomien und Grundannahmen für bemerkenswert kongenial. Darüber hinaus betont das historische Bewußtsein von Denkern wie Derrida und Foucault – die Ideen und Praxisformen konsequent kontextualisieren und ihre Genealogien untersuchen – die zeitliche und entwicklungsbezogene Perspektive, die für die psychoanalytische Behandlung so notwendig ist.

Der Kontextualismus Wittgensteins und Bakhtins und unser eigener kontextualistischer Ansatz dürfen nicht als postmoderner Relativismus mißverstanden werden. Die postmoderne kritische Funktion bewährt sich darin, uns an unsere Tendenz zu erinnern, so zu sprechen, als seien Ideen und Praxis nicht durch historische Ursprünge und kulturell-politische Bedeutungen kontextualisiert. Gelegentlich aber wird die *Relativität* bestimmter Kontexte mit einem *Relativismus* verwechselt, das heißt mit der Einstellung, daß unterschiedliche Rahmen nicht miteinander vergleichbar und alle Deutungen gleichrangig seien, weil sie verschiedenen Kontexten entstammen (vgl. Orange, 1995). Wittgensteins Sichtweise, Bakhtins Dialogismus und unser eigener perspektivischer Realismus ermöglichen es uns, Kontexte unmittelbar zu evaluieren und zu vergleichen. Ein bestimmtes Sprachspiel kann hilfreicher, praktischer oder aufschlußreicher sein als ein anderes. In ähnlicher Weise können sich für uns bestimmte – immer in einen je charakteristischen Rahmen von Hypothesen über die menschliche Natur eingebettete – psychoanalytische klinische Theorien gegenüber anderen als produktiver und intellektuell stimmiger erweisen.

Dynamische, dyadische, intersubjektive Systeme

In den vergangenen Jahren haben wir eine Denkrichtung kennengelernt, die uns geholfen hat, den engen Zusammenhang zwischen entwicklungsbezogenem Denken und unserem intersubjektiven Kontextualismus zu formulieren.

Ein breites, neues wissenschaftliches Paradigma (Bertalanffy, 1968; Laszlo, 1972; Sucharov, 1994; Thelen und Smith, 1994) ist aus der Untersuchung von Phänomenen hervorgegangen, die als dynamische, nicht-lineare, selbstorganisierende oder auch chaotische Systeme bezeichnet werden. Diese neue Perspektive findet Anwendung bei der Suche nach gemeinsamen Prinzipien, die dem Verhalten unterschiedlicher physikalischer, biologischer und psychologischer Phänomene zugrunde liegen. Die Theorie der dynamischen Systeme beschäftigt sich insbesondere mit dem *Prozeß* von Veränderungen in einer Entwicklung – das heißt, mit der Erzeugung »emergenter Ordnung und Komplexität: der Art und Weise, wie Strukturen und Muster aus der Kooperation vieler einzelner Teile hervorgehen« (Thelen und Smith, 1994, S. XIII). Weil diese Theorie den »ungeregelten, fluiden, kontextsensiblen« (S. XVI) Charakter von Entwicklungsprozessen erklärt, haben wir (Stolorow, 1977) behauptet, daß sie der Psychoanalyse als Quelle von Leitmetaphern hervorragende Dienste leisten kann. Wir vertreten nun die Ansicht, daß dieser Rahmen auch ein breites allgemein-philosophisches und wissenschaftliches Netz bildet, in dem sämtliche Varianten des psychoanalytischen Kontextualismus einen Platz finden können.[20]

Innerhalb einer allgemeinen Systemphilosophie ist jedes lebende System Teil einer Hierarchie. Jedes System enthält Subsysteme oder

[20] Thelen und Smith (1994) erklären, daß die Theorie der dynamischen Systeme »eine biologische Fundierung des Kontextualismus ermögliche« (S. XXI) – eine Behauptung, die auch Edelmans (1992) »neuronaler Darwinismus« stützt.

Elemente, die das Ganze konstituieren. Zwei oder mehr Systeme, die kooperativ interagieren, bilden ein Suprasystem. Unter diesem Blickwinkel erweist sich die geistig-psychische Aktivität des individuellen Kindes oder Patienten als Subsystem des größeren Kind-Betreuungsperson- oder Patient-Analytiker-Suprasystems.[21] Ein-Personen- oder Zwei-Personen-Psychologien waren tendenziell reduktionistisch und unvollständig, weil sie umfassende erklärende Theorien postulierten, die lediglich auf einer einzigen Ebene innerhalb einer Hierarchie lebender Systeme fußten.

Eine an der Theorie dynamischer Systeme orientierte Erklärung eines Entwicklungsprozesses – gleichgültig, ob sich dieser in der Kindheit oder in der psychoanalytischen Situation vollzieht – lehnt teleologische Annahmen über vorbestimmte Endzustände und vorprogrammierte epigenetische Schemata ab. Sie postuliert statt dessen, daß Struktur und Muster *emergent* aus »den selbstorganisierenden Prozessen kontinuierlich aktiver lebender Systeme« auftauchen (Thelen und Smith, 1994, S. 44). Die emergente Strukturbildung innerhalb eines dynamischen Systems entwickelt sich aus der wechselseitigen Koordination oder kooperativen Interaktion seiner Elemente oder Subsysteme, die sich zu einem selbstorganisierten Muster vereinen. Unter diesem Blickwinkel betrachtet, können zum Beispiel hartnäckige, immer wieder auftretende Übertragungen und Widerstände in der Behandlung als sehr stabile Zustände des Patient-Analytiker-Systems verstanden werden, in dem sich die Haltung des Analytikers fest mit der angstvollen Erwartung des Patienten koordiniert hat, erneut traumatisiert zu werden.

Eine Vielzahl von Beispielen für die Untersuchung klinischer Phänomene unter einer systemischen Perspektive enthalten die Werke anderer Beziehungstheoretiker (Aron, 1996; Mitchell, 1988) sowie unsere eigenen Arbeiten. Wir verweisen hier lediglich auf die von Aron

---

[21] In vergleichbarer Weise bilden auch Ideen hierarchische Systeme. Ideen mit höherem Allgemeinheitsgrad (beispielsweise Intersubjektivität oder intrapsychischer Determinismus) kontextualisieren spezifischere Ideen (zum Beispiel bestimmte klinische Theorien).

beschriebene Wechselseitigkeit der Erzeugung analytischer Daten und die gemeinsame Konstruktion von Bedeutung. In unseren Arbeiten (Stolorow, Brandchaft und Atwood, 1987; Stolorow und Atwood, 1992) beschreiben wir psychopathologische Zustände, multiple Übertragungsdimensionen und die Grenze zwischen Bewußtem und Unbewußtem als fließende, sich ständig verlagernde Eigenschaften fortdauernder dynamischer, dyadischer intersubjektiver Systeme.

Typische Kontexte, die für das psychoanalytische Denken einen zentralen Stellenwert besitzen

Im Vordergrund des gegenwärtigen psychoanalytischen Denkens steht der Kontext der Analysand-Analytiker-Dyade. Beziehungstheoretiker wie Mitchell (1988), Hoffman (1983), Renik (1993) und Aron (1996) haben die ausschließliche theoretische und klinische Fokussierung intrapsychischer Phänomene nicht nur einer eingehenden Kritik unterzogen, sondern gleichzeitig für eine konsequente klinische Berücksichtigung des Beitrags plädiert, mit dem der Analytiker an klinischen Phänomenen sowie an der Erzeugung und Umgestaltung von Bedeutungen beteiligt ist. Wir selbst haben mit Nachdruck erläutert, daß Analytiker und Patient ein unauflösbares psychisches System bilden und daß man keinen der Beteiligten isoliert erforschen kann, ohne der analytischen Erfahrung als Ganzer Gewalt anzutun. Die organisierenden Aktivitäten, durch die beide Teilnehmer den psychoanalytischen Prozeß gestalten, sind entscheidend für das Verständnis der Sackgassen und Bedeutungen, die innerhalb eines spezifischen intersubjektiven Feldes auftauchen. Wenn der Prozeß ins Stocken gerät, denken wir nicht: »Der Patient leistet Widerstand.« Vielmehr fragen wir uns, wie Analytiker und Patient gemeinsam diese Blockade konstruiert haben. Wir fragen nicht nur nach der Geschichte des Patienten und seinen organisierenden emotionalen Überzeugungen, sondern auch nach unseren eigenen sowie danach, welche theoretischen Bindungen uns möglicherweise in die Falle der »Aspektblindheit« (Wittgenstein, 1953) gelockt haben. Aspektblindheit resultiert aus einer Unfähigkeit, eine andere Perspektive einzunehmen, den Horizont zu erweitern oder sich zu dezentrieren (im Piagetschen Sinn zu dezentrieren, was nicht bedeutet, daß wir unsere eigene Subjektivität ausschalten könnten). Die erste wichtige kontextuelle Überlegung – das Hier und Jetzt – betrifft daher die interagierenden subjektiven Welten und die organisierenden Aktivitäten von Patient und Analytiker einschließlich der Theorien des Analytikers und der kulturellen Welten beider Beteiligter.

Bedauerlicherweise beschränken einige Beziehungstheoretiker (Gill, 1982; Mitchell, 1988) die psychoanalytische Erforschung in erster Linie auf das Hier und Jetzt, auf einen »Schnappschußkontext« gewissermaßen. Sie entwerten die Berücksichtigung von Entwicklungskontexten als »Infantilisierung des Patienten« oder als »entwicklungspsychologische Schieflage«. Wahrscheinlich ist es ihnen um den gleichen theoretischen Aspekt zu tun wie uns: entwicklungsbezogenes Denken kann leicht reduktionistisch werden oder zu einem mechanistischen Objektivismus degenerieren. Wenn dies passiert, geht uns die Komplexität der in intersubjektiven Systemen wurzelnden und Gestalt annehmenden psychischen Bedeutungen verloren; übrig bleibt lediglich ein allzu vereinfachendes Konzept der kausalen Genese oder Ätiologie. Wir glauben jedoch, daß historisch-entwicklungsbezogene Kontexte sowie Querschnittskontexte oder -dimensionen nicht derart säuberlich voneinander getrennt werden können und wir ihrer wechselseitigen Durchdringung besondere Aufmerksamkeit zollen müssen. Ontologisch sind die Vergangenheit und die Zukunft unserer Meinung nach zwangsläufig in jeden Gegenwartsmoment mit einbezogen (Bergson, 1910). Epistemologisch halten wir es für unmöglich, einen isolierten Moment zu erkennen. Klinisch sind wir, unsere Patienten und unsere psychoanalytische Arbeit immer in einen konstitutiven *Prozeß* eingebunden. Prozeß bedeutet Zeitlichkeit und Geschichte. Kontextualistisch zu arbeiten heißt, entwicklungsbezogen zu arbeiten. Entwicklungsbezogen zu arbeiten heißt, sich eine nicht nachlassende Sensibilität für vergangenes, gegenwärtiges und künftiges Erleben zu bewahren. Ein gutes Beispiel für kontextualistisches Denken in der Psychoanalyse ist das Werk von Lichtenberg, Lachmann und Fosshage (1992, 1996). Die Autoren beschreiben, wie der Kontext determiniert, welches durch die Entwicklung geprägte Motivationssystem für eine bestimmte Person zu einem bestimmten Zeitpunkt im Vordergrund stehen wird. Entwicklungsbezogenes Denken lehnt die Schnappschußperspektive ab – Derrida (1978) und Culler (1982) sprechen von einer »Metaphysik des Gegenwärtigen«, einer Beschränkung auf dekontextualisierte Momente oder Interaktionen (vgl. Hayes, 1994) – und bestätigt das emotionale Leben von Personen, die von irgendwoher gekommen sind und irgendwohin gehen.

Leider stehen auch konsequente Bemühungen um relationales Denken in der Psychoanalyse nach wie vor im Zeichen eines atomistischen Denkens. So behauptet Maroda (1991) in seinem mutigen und nachdenklichen Buch über die Gegenübertragung, daß »die einzige haltbare Position für uns darin besteht, uns auf den *augenblicklichen* Charakter der Interaktion und der emotionalen Zustände des Therapeuten und des Patienten zu konzentrieren, um einschätzen zu können, welches Vorgehen innerhalb des Bereichs dessen, was authentisch und menschlich möglich ist, am hilfreichsten sein wird« (S. 21). Ohne jede Berücksichtigung der Entwicklung kann eine im übrigen vernünftige Betonung der persönlichen Gegenwart und des Sich-Einlassens des Analytikers auf den Patienten in eine Isolierung des Gegenwartsmoments abgleiten. Dieses ganz auf den »Gegenwartsmoment« gerichtete Denken wird zur neuen Regel der »Technik« und führt zu einer Übergewichtung von Gegenübertragungsenthüllungen. Wir haben es dann mit zwei ahistorischen, dekontextualisierten fensterlosen Leibnizschen Monaden zu tun, die zu einem isolierten Moment erstarrt sind und Fenster zu öffnen versuchen. Die Ironie besteht darin, daß ausgesprochen gut gemeinte und wohldurchdachte Versuche, den klinischen Prozeß auf relationale Weise zu verstehen, durch antirelationale, antihistorische, dekontextualisierte Konzeptionen der menschlichen Natur untergraben werden. Kontextuelles Denken hingegen bedeutet, den Kontext – den entwicklungsbezogenen, relationalen, geschlechterbezogenen, kulturellen Zusammenhang usw. –

unablässig im Blick zu behalten und mit nicht ermüdender Aufmerksamkeit zu untersuchen.

Wie setzen wir diesen Grundsatz in die Praxis um? Maureen kam im Alter von fünfzehn Jahren in Behandlung, weil sie von Ängsten gequält wurde, die mit der Krebserkrankung ihres Vaters und der Rolle ihrer Schwester als Liebling in der Familie zusammenhingen. Sie bekannte nach zweijähriger Behandlung, daß sie panische Angst habe, möglicherweise lesbisch zu sein. Endlos zweifelte sie, ob sie überhaupt an Jungen interessiert sei – obwohl dieses Interesse für jedermann offenkundig war, der mit ihr zu tun hatte –, und fragte sich, ob sie sich von jedem Mädchen angezogen fühle, das sich ihr auf zehn Meter näherte. Ein Freund nach dem anderen ließ sie fallen – es handelte sich gewöhnlich um sehr beliebte, extrem selbstsüchtige junge Männer, die sich grundsätzlich mit mehreren Mädchen gleichzeitig verabredeten. Maureen fragte sich ängstlich, ob das Problem an ihr liege, weil sie eigentlich doch nicht heterosexuell sei. Dieses Muster blieb während ihrer Collegezeit bestehen und verschlimmerte sich noch, als ihr Vater während ihres ersten Studienjahres starb. Im folgenden Jahr wurden diese Gedanken so quälend für sie, daß sie überlegte, sich umzubringen.

In der Behandlung dieser Patientin mußten viele verschiedene Kontexte konsequent berücksichtigt werden. Maureen war in einer irischen, katholischen Familie aufgewachsen, die aus ihrer Mutter, einer älteren und einer jüngeren Schwester sowie dem sterbenden Vater bestand; über Sex, Sexualität oder Gefühle generell hatte man zu Hause nie gesprochen. Für ihre Familie und deren kulturelle und religiöse Umwelt war Homosexualität ohne jede Frage abstoßend, sündig und krankhaft. Jede Bemerkung über allgemeine sexuelle Entwicklungsthemen, mit der ihr Analytiker zu verstehen gab, daß es ebenso in Ordnung wäre, lesbisch wie heterosexuell zu sein, stürzte Maureen in körperlich sichtbar werdende Panikzustände. Zwischen der Haltung des Analytikers und dieser Panik der Patientin bestand eine gravierende Kluft. Dem Analytiker, der in einer ähnlichen kulturellen und religiösen Welt aufgewachsen war, fiel es nach wie vor schwer zu verstehen, weshalb diese Panik derart überwältigend war.

Hilfreich war letztlich offenbar die wachsende Überzeugung des Analytikers, daß die Befürchtung, womöglich homosexuell zu sein, eine tiefe Überzeugung der Patientin widerspiegelte, böse, abstoßend und widerwärtig zu sein. Dieser Zusammenhang wurde klarer, als Maureen begann, ihre umfangreichen und zwangsneurotischen Rituale aus der frühen und mittleren Kindheit zu beschreiben, die zum Teil bis ins frühe Erwachsenenalter hinein überdauert hatten. Sie hatte diese Rituale gebraucht, um die Strafe für ihre »Sünden« abzuwehren, die sie nach ihrer eigenen tiefen Überzeugung verdiente. Analytiker und Patientin begannen nun, gemeinsam die Ursprünge der Zwangshandlungen zu erforschen, die multiplen Kontexte, in denen sie aufgetaucht waren, und die Kontexte (einschließlich der Behandlung), in denen sie fortgesetzt wurden. Die isolierte Untersuchung des Panikerlebens hatte, selbst wenn die Panik direkt im Behandlungskontext auftrat, wenig Klärung und keine Besserung erbracht. Die Erforschung und Klärung der intersubjektiven Ursprünge und Kontexte ihrer Scham und Selbstverachtung aber, ein Thema, das wir anschließend auf einer etwas allgemeineren Ebene betrachten wollen, waren für die Reorganisation ihres Erlebens überaus wichtig.

Kontextualistisches Denken über Scham und Selbstverachtung

Wir sind der Meinung, daß eine konsequente Fokussierung der Schicksale des Selbsterlebens zwangsläufig den motivationalen Primat des Affekts zutage treten läßt, da der Affekt – wie die Säuglingsforscher materialreich demonstriert haben – als primärer Organisator des Selbsterlebens innerhalb des Entwicklungssystems dient. Die Verlagerung der Betonung vom Trieb zur Affektivität als zentralem motivationalem Faktor bedeutet, daß ein intrapsychisches Paradigma zugunsten eines intersubjektiven Paradigmas in den Hintergrund tritt. Von Geburt an wird das affektive Erleben innerhalb intersubjektiver Systeme reguliert (oder fehlreguliert), die durch wechselseitige Beeinflussung geprägt sind (Beebe, Jaffe und Lachmann, 1992). Einer der Autoren des vorliegenden Buches erläuterte in einem gemeinsam mit Daphne Stolorow verfaßten Kapitel des Buches *Psychoanalytische Behandlung* (Stolorow, Brandchaft und Atwood, 1987):

> Affekte können als Organisatoren des Selbsterlebens während der ganzen Entwicklung aufgefaßt werden, sofern sie auf das erforderliche Wohlwollen, die Akzeptanz, Differenzierung, Synthese und haltende Reaktion durch die Sorgepersonen treffen. Ein Fehlen stetiger, empathischer Reaktionen auf die affektiven Zustände des Kindes führt zu [...] bedeutungsvollen Entgleisungen optimaler Affektintegration und zu einer Tendenz, affektive Reaktionen aufzuspalten oder zu leugnen [...]. ([1987] 1996, S. 93f.)

Wir behaupten, daß die intersubjektiven Wurzeln der Scham in solchen Entgleisungen des Prozesses der Affektintegration angelegt sind.

Einem Grundgedanken der Intersubjektivitätstheorie zufolge führen regelmäßig wiederkehrende intersubjektive Transaktionsmuster innerhalb des Entwicklungssystems zur Etablierung invarianter Prinzipien, welche die späteren Erfahrungen des Kindes unbewußt organisieren (Stolorow und Atwood, 1992). Diese unbewußten, im Schmelztiegel des Systems Kind-Bezugsperson geschmiedeten Ordnungsprinzipien bilden die Grundbausteine der Persönlichkeitsentwicklung. Wir haben immer häufiger festgestellt, daß jene Prinzipien, die das Affekterleben unbewußt organisieren, klinisch von größter Bedeutung sind. Frühe, wiederkehrende fehlerhafte Einstimmungen der Betreuungsperson vermitteln dem Kind die unbewußte Überzeugung, daß unbefriedigt bleibende entwicklungsbedingte Sehnsüchte und reaktive Gefühlszustände Manifestationen eines verabscheuungswürdigen Defekts oder eines inhärenten inneren Böseseins darstellen. So wird ein defensives Selbstideal errichtet, ein Selbstbild, das von den anstößigen Affektzuständen gereinigt ist, die der frühem Umwelt so untragbar erschienen. Diesem purifizierten Ideal gerecht zu werden ist dann eine unerläßliche Voraussetzung für die Aufrechterhaltung harmonischer Bindungen an die Betreuungspersonen und des Selbstwertgefühls. Taucht der verbotene Affekt in der Folgezeit wieder auf, wird dies als Beweis für die Unfähigkeit erlebt, das erforderte Ideal zu verkörpern, als Bloßstellung der grundlegenden Unzulänglichkeit oder Schlechtigkeit; dieses Erleben geht mit Gefühlen von Einsamkeit, Scham und Selbstverachtung einher.

Broucek (1991) hat die intersubjektiven Ursprünge der Scham beschrieben und dabei insbesondere das Versagen der Betreuungsperson betont, bestätigend auf das Effizienz- und Intentionalitätserleben des Kindes einzugehen. Die Folge ist, daß sich das Kind auf schmerzvolle Weise als Objekt und nicht als Subjekt wahrgenommen fühlt. Anders formuliert: Scham wurzelt Broucek zufolge in Fehlabstimmungen auf solche Affektzustände, die durch ein Element der Erregung, des Stolzes und der Lust am eigenen Funktionieren charakterisiert sind. Im Gegensatz dazu sind wir der Ansicht, daß Fehlabstimmungen auf *jeden* signifikanten Aspekt der kindlichen Affektivität Scham erzeugen können, das heißt auch die ausbleibende Bestätigung der freudigen affektiven Erfahrungen, die mit Entwicklungsfortschritten verbunden sind, oder der schmerzvollen reaktiven Affektzustände, die durch Verletzungen und Unterbrechungen ausgelöst werden.

Um zu illustrieren, welche theoretischen und klinischen Vorteile sich ergeben, wenn man narzißtische Störungen und Scham unter dem Blickwinkel der Affektschicksale innerhalb eines intersubjektiven Systems erklärt, möchten wir jene Dissoziationsprozesse einer kritischen Neubetrachtung unterziehen, die Kohut (1971) zufolge bei bestimmten narzißtischen Persönlichkeitsstörungen pathognomisch sind. Wenn die archaische Grandiosität des Kindes, so Kohuts Theorie, auf massive, traumatische Weise entwertet wird, muß das Kind seine Grandiosität und seine Sehnsucht nach der spiegelnden Anteilnahme der Betreuungsperson verdrängen, um die Gefahr einer Retraumatisierung abzuwenden. Diese Abspaltung des archaischen Grandiositätserlebens unter eine Verdrängungsschranke – von Kohut als »horizontale Spaltung in der Psyche« bezeichnet – liegt Symptomen wie der narzißtischen Entleerung zugrunde, zum Beispiele dem Gefühl der inneren Leere, des inneren Abgestorbensein und der eigenen Wertlosigkeit. Bei dem häufigsten Typus der narzißtischen Persönlichkeit wechseln die

Wertlosigkeitsgefühle Kohut zufolge mit Zuständen eines bewußten, lärmenden, herrischen Grandiositätserlebens. Lärmende Grandiosität und innere Leere werden durch eine »vertikale Spaltung« voneinander getrennt gehalten – das heißt, nicht durch Verdrängung, sondern durch Verleugnung.

So hilfreich Kohuts Formulierung gewesen sein mag, wurde ihr Nutzen doch dadurch erheblich geschmälert, daß er den Begriff »Größen-Selbst« sowohl für einen traumatisch entwerteten und verdrängten Persönlichkeitssektor als auch für einen Anteil verwandte, der sich auf herrische Weise Ausdruck verschafft. Damit setzte Kohut zwei Organisationsformen des Erlebens in eins, die zweifellos unterschiedlichen Ursprungs sind und unterschiedliche Bedeutungen haben. Uns erscheint der Begriff *archaische Expansivität* für das Erleben, das bei einer horizontalen Spaltung verworfen und abgespalten wird, am besten geeignet; er erfaßt die große Bandbreite an freudigen affektiven Erfahrungen, die mit Entwicklungsfortschritten einhergehen. Das herrische Auftreten, die Arroganz, Anspruchshaltung und Verachtung auf der einen Seite der vertikalen Spaltung hingegen werden am besten durch den Begriff *defensive Grandiosität* charakterisiert. Defensiv ist diese Grandiosität in zumindest dreierlei Hinsicht.

Insoweit sie aus einer Identifizierung mit dem bereits erläuterten defensiven Selbstideal hervorgeht, repräsentiert sie erstens eine Anpassung an die narzißtische Ausnutzung der Eigenschaften und Leistungen des Kindes durch die Betreuungsperson. Wie Bacal und Newman (1990) zeigten, entspricht dieser Versuch, eine Bindung durch willfährige Anpassung an die emotionalen Bedürfnisse der Betreuungsperson aufrechtzuerhalten, Winnicotts (1960) Konzept des »falschen Selbst« (siehe auch Brandchaft, 1993).

Insofern die defensive Grandiosität Elemente einer »splendid isolation«, einer omnipotenten Selbstgenügsamkeit und Entwertung anderer enthält, liefert sie zweitens die Grundlage für die Verdrängung der horizontal abgespaltenen Wünsche nach Verbundenheit – in diesem Fall der Sehnsucht nach einer spiegelnden Bestätigung der von den Betreuungspersonen entwerteten archaischen Expansivität.

Wir dürfen nicht vergessen, daß Betreuungspersonen, die das kindliche Expansivitätsbedürfnis immer wieder frustrieren, wahrscheinlich nicht in der Lage sind, sich auf die schmerzerfüllte emotionale Reaktion des Kindes auf diese Frustrationen einzustimmen und sie zu verstehen. Unter diesen Umständen wird das Kind vermutlich spüren, daß seine schmerzvollen reaktiven Affektzustände den Bezugspersonen nicht willkommen sind oder sie verletzen. Um sich die notwendigen Bindungen bewahren zu können, muß es diesen Affekten daher entsagen. Somit besteht die dritte und vielleicht wichtigste Abwehrfunktion der lärmenden Grandiosität darin, den affektiven Schmerz auf der anderen Seite der vertikalen Spaltung zu verleugnen, das heißt die Gefühle, von denen das Kind spürte, daß sie für seine Umwelt nicht akzeptabel waren, so daß es sie als Manifestationen eines verhaßten Defekts erlebte, die es ausmerzen mußte.

Intensive Schamreaktionen können entlang jeder dieser beiden Spaltungen ausgelöst werden. Wenn die archaische Expansivität ins bewußte Erleben eindringt, ist dies gewöhnlich mit einer antizipatorischen Scham verbunden, und zwar nicht, wie Kohut (1972) behauptete, aufgrund eines »psychoökonomischen Ungleichgewichtes«, sondern weil der Betroffene die gleichen traumatischen Versagungen und Enttäuschungen erwartet, mit denen die Betreuungspersonen ursprünglich auf seine Expansivität reagiert haben. Infragestellungen oder Einbrüche der defensiven Grandiosität rufen im allgemeinen ebenfalls Schamgefühle hervor, weil sie die verleugnete Verletzlichkeit und den Schmerz zu offenbaren drohen, die als unwiderlegbarer Beweis für einen zugrundeliegenden, unbehebbaren Makel organisiert worden sind. Narzißtische Wut und Destruktivität sind in ebendieser Situation leicht aktivierbar und dienen als verzweifelter Versuch, die defensive Grandiosität wiederherzustellen und sich von der unerträglichen Scham zu befreien (Kohut, 1972; Stolorow, 1984; Morrison, 1989).

Die wohl nachteiligste klinische Konsequenz der Tatsache, daß Kohut keinen begrifflichen Unterschied zwischen der archaischen Expansivität und der defensiven Grandiosität machte, besteht in der irrigen Annahme, daß es therapeutisch hilfreich sei, die defensive Grandiosität zu »spiegeln«. Dieses Vorgehen aber läuft auf eine Kollusion mit der Abwehr hinaus und kann die Sucht nach der »Responsivität« des Analytikers fördern. Unserer Erfahrung nach besteht der effektivste Umgang mit der defensiven Grandiosität weder darin, sie zu spiegeln, noch darin, sie wie einen Ballon zum Platzen zu bringen; vielmehr sollte der Therapeut auf Situationen warten, in denen sich Zugänge zu dieser Grandiosität erschließen – das heißt, auf Gelegenheiten, Kontakt zu dem schmerzvollen Affekt herzustellen, der durch die vertikale Spaltung abgetrennt wurde. Solche Versuche wecken in der Übertragung unweigerlich intensive Schamgefühle, da der Patient fest überzeugt ist, daß der Analytiker die bloßgestellte Unzulänglichkeit insgeheim nur verabscheuen und verachten könne. Die Untersuchung und Deutung sowie das Durcharbeiten dieser Scham und der Organisationsprinzipien, die ihr zugrunde liegen, sind für die Herstellung einer therapeutischen Bindung entscheidend, die den verleugneten affektiven Schmerz so zu integrieren vermag, daß der Patient auf seine defensive Grandiosität zunehmend weniger angewiesen ist. Wenn er nach und nach die Erwartung entwickeln kann, daß schmerzhafte emotionale Reaktionen auf Verletzungen und Unterbrechungen nicht Abscheu, sondern Akzeptanz und Verständnis wecken, kann sich eine Sicherheitszone entwickeln und stetig erweitern, in der es der Patient wagen kann, sich primären Entwicklungswünschen gegenüber zu öffnen und sie dem Analytiker zu offenbaren.

Dieser Prozeß des Verstehens in einer Sicherheitszone, die nach und nach immer größer wurde, ermöglichte es Maureen, ein reorganisiertes, weniger schamerfülltes Selbsterleben zu entwickeln. Mit der Besserung ihrer Zwangssymptome einschließlich ihres Gefühls, in ihrer Sexualität mit einem fatalen Makel behaftet zu sein, gelang es ihr zunehmend besser, ein zufriedenstellendes Leben ohne Scham und Selbstekel zu führen.

Im folgenden wollen wir uns einer ausführlicheren Erörterung der Dissoziationsprozesse und ihrer intersubjektiven Ursprünge zuwenden.

Kontextualistisches Denken über Dissoziation und Multiplizität

Nachdem Freud seine in den 90er Jahren des 19. Jahrhunderts entwickelte Verführungstheorie revidiert hatte, verbannte er die Dissoziation an die Peripherie des Blickfeldes der Psychoanalyse. Unser Ziel ist es, im Kontext des zeitgenössischen Bewußtseins für Kindheitstraumata das Dissoziationskonzept erneut zu untersuchen, und zwar unter einem intersubjektiven Blickwinkel. Wir werden das Problem, den Begriff Dissoziation zu definieren, vorübergehend außer acht lassen, zumal dieser Terminus im Laufe seiner Geschichte von jedem Autor auf eigene, charakteristische Weise verwendet wurde. Die klinische Erfahrung rechtfertigt unsere Vermutung, daß wir ein kontextualistisches Konzept der Dissoziation benötigen, um psychoanalytisch in einer Weise zu arbeiten, welche die intersubjektive Genese und Aufrechterhaltung eines Großteils der Pathologie anerkennt.

Freud begann sich für die Dissoziation während seiner Studienzeit bei Charcot zu interessieren (Ellenberger, 1970), der sie als wesentliches Merkmal der Hysterie betrachtete und umgekehrt die Hysterie für die akkurate Diagnose jener Patientinnen hielt, die dissoziierten. Breuers und Freuds (1893-1895) *Studien über Hysterie* geben den Einfluß Charcots deutlich zu erkennen:

> Je mehr wir uns nun mit diesen Phänomenen beschäftigten, desto sicherer wurde unsere Überzeugung, jene Spaltung des Bewußtseins, die bei den bekannten klassischen Fällen als »double conscience« so auffällig ist, bestehe in rudimentärer Weise bei jeder Hysterie, die Neigung zu dieser Dissoziation und damit zum Auftreten abnormer Bewußtseinszustände, die wir als »hypnoide« zusammenfassen wollen, sei das Grundphänomen der Neurose. [...] Diese hypnoiden Zustände stimmen [...] untereinander und mit der Hypnose in dem einen Punkte überein, daß die in ihnen auftauchenden Vorstellungen sehr intensiv, aber von dem Assoziativverkehr mit dem übrigen Bewußtseinsinhalt abgesperrt sind. (Breuer und Freud, 1893a, S. 91)

Dieses Formulierung krankt, wie Fairbairn in seiner 1929 eingereichten medizinischen Dissertation betonte, an dem für die Assoziationspsychologie charakteristischen Atomismus. Fairbairn schreibt: »Die Psyche besteht nicht aus einer Ansammlung von Elementen oder Funktionen, die einzeln vom Rest abgespalten werden können, ohne daß dies über den bloßen Verlust hinaus irgendwelche Folgen hätte.« (1929, S. 33) Anders als sein Zeitgenosse und Rivale Pierre Janet, der das alte Dissoziationskonzept weiterhin vertrat, entwickelte Freud später ein in höherem Maße holistisches Verständnis der Psyche. Leider verlor Freud sein Interesse an der Dissoziation als umschriebenem Prozeß und wandte sich statt dessen der Verdrängung zu, die er als aktiven und motivierten Vorgang begriff.

Die Dissoziation griff er später nur kurz und indirekt wieder auf. In *Das Ich und das Es* (1923b) spekulierte er, daß sie aus den Residuen von Objektbeziehungen bestehe:

> Nehmen [die Objektidentifizierungen des Ichs] überhand, werden allzu zahlreich und überstark und miteinander unverträglich, so liegt ein pathologisches Ergebnis nahe. Es kann zu einer Aufsplitterung des Ichs kommen, indem sich die einzelnen Identifizierungen durch Widerstände gegeneinander abschließen, und vielleicht ist es das Geheimnis der Fälle von sogenannter multipler Persönlichkeit, daß die einzelnen Identifizierungen alternierend das Bewußtsein an sich reißen. (S. 258 f.)

Möglicherweise ahnte Freud die Unzulänglichkeit dieser Formulierung und hielt deshalb an der Verdrängung als Grundmechanismus des Unbewußten fest. Der Erinnerungsverlust erscheint so als aktiver und motivierter Prozeß des Vergessens, der für die Aufrechterhaltung des intrapsychischen Gleichgewichtes notwendig ist.

Fairbairn war mit der theoretischen Entscheidung für die Verdrängung und gegen die Dissoziation, der man sich als Freudianer offenbar anschließen mußte, nicht zufrieden. Er verwies auf das zeitgenössische konventionelle Verständnis der Dissoziation, wonach »Elemente des psychischen Lebens, die normalerweise bewußt sind, vom zentralen Bereich des Bewußtseins abgespalten werden und sich einen hohen Grad an Unabhängigkeit bewahren«, und schloß sich Janets (1907) Auffassung an, daß ebendiese Unabhängigkeit nicht das Bewußtsein, sondern die Aktivität betreffe. Aspekte der Persönlichkeit, ob sie nun durch ein unabhängiges Bewußtsein charakterisiert sind oder nicht, funktionieren demnach in einer Weise, die von der übrigen Persönlichkeit abgespalten zu sein scheint. Fairbairn zog den Schluß, daß die Dissoziation ein ganz normaler Vorgang sei – zumindest sei sie »nicht zwangsläufig abnorm« (S. 35). Er verstand sie als »eine vollkommen normale Begleiterscheinung des Gefühls« (S. 37), als

> einen aktiven psychischen Prozeß, durch den nicht akzeptable psychische Inhalte oder eine nicht akzeptable psychische Funktion vom persönlichen Bewußtsein abgetrennt wird, ohne deshalb ihren psychischen Charakter zu verlieren – ein solcher psychischer Inhalt oder eine solche Funktion wird als nicht akzeptabel betrachtet, wenn sie im Verhältnis zu einem aktiven Interesse entweder irrelevant, mit diesem nicht vereinbar oder aber unangenehm ist (S. 78).

Fairbairn untersuchte vier mögliche Beziehungen zwischen Dissoziation und Verdrängung: (1) Die Dissoziation ist eine Art der Verdrängung oder Unterdrückung, wie Rivers (1924) behauptet hatte; (2) Dissoziation und Verdrängung sind absolut unterschiedliche Vorgänge, wie McDougall (1926) unter Hinweis auf Jungs Persönlichkeitstypen behauptet hatte; (3) die beiden Prozesse sind identisch – eine Hypothese, die Fairbairn sofort mit der Begründung widerlegte, daß Schlaf, Übermüdung, hypnotische und medikamentös induzierte Zustände nicht als Verdrängung verstanden werden können; (4) die Dissoziation bildet eine übergreifende Kategorie, während die Verdrängung eine Sonderform der Dissoziation darstellt. Fairbairn hat die Argumente, die gegen die ersten beiden Möglichkeiten und für die vierte sprechen, sorgfältig und ausführlich formuliert. Aus Platzgründen können wir seine Überlegungen hier jedoch nicht wiedergeben.

Fairbairns Schlußfolgerung, daß die Verdrängung eine spezielle Form der Dissoziation darstellt, war nicht nur für die theoretische Richtung maßgebend, die er später einschlug, sondern hat auch für die von uns formulierte intersubjektive Sichtweise wichtige Konsequenzen. Betrachten wir zunächst, wie er selbst den Unterschied zwischen Verdrängung und Dissoziation sowie das Verhältnis zwischen diesen beiden Vorgängen beschrieb:

> Den Charakter [der Verdrängung] erfaßt am präzisesten der Begriff, den Freud ursprünglich verwandte, als er den Prozeß erstmals isoliert betrachtete – er bezeichnete ihn als eine »Abwehr«. Die Abwehrfunktion jedoch ist ein Merkmal, das die Verdrängung mit allen Formen der Dissoziation unlustvoller Regungen teilt. Der Unterschied zwischen der Verdrängung und der einfachen Dissoziation des Unlustvollen besteht darin, daß im ersten Fall die Gefahr, vor der Schutz gesucht wird, inneren Ursprungs ist, während sie im zweiten Fall lediglich von außen droht. Bei der einfachen Dissoziation des Unlustvollen wird die Abwehr gegen psychische Inhalte gerichtet, welche letztlich durch Vorgänge determiniert sind, die dem Individuum widerfahren. Bei der Verdrängung richtet sich die Abwehr gegen Tendenzen, die einen Teil der psychischen Struktur des Individuums selbst bilden. (S. 77)

Wir wollen diese Formulierung sorgfältig prüfen und uns dabei vor Augen halten, daß sie viele Jahre, bevor Fairbairn die meisten Grundannahmen der psychoanalytischen Theorie radikal revidierte, ausgearbeitet wurde. Zunächst einmal werden die Verdrängung und das, was Fairbairn als »einfache Dissoziation« bezeichnet, unter der allgemeineren Kategorie »Formen der Dissoziation unlustvoller Empfindungen« zusammengefaßt. Zweitens ist die auffälligste Eigenschaft der Verdrängung dieser Definition zufolge ihr intrapsychischer, im Konzept des isolierten Geistes verstandener Charakter. Demnach wird der Mensch mit inneren, sexuellen und aggressiven Tendenzen ausgestattet gedacht, die er nicht akzeptieren kann und deshalb aktiv, wenn auch nicht willentlich, mehr oder weniger dauerhaft aus seinem Bewußtsein verbannt. Die Verdrängung läuft somit auf eine aktive Dissoziation unlustvoller oder unerträglicher oder konflikterzeugender innerer Tendenzen des Individuums hinaus. Diese Formulierung zeigt klar, daß die klassische Konzeption der Verdrängung unauflöslich mit der Triebtheorie und der Grundannahme des isolierten Geistes zusammenhängt (Stolorow und Atwood, 1992).

Dieses Verständnis der Verdrängung sowie Fairbairns gesamte Formulierung des Unterschiedes zwischen Verdrängung und Dissoziation beruht ferner auf einer problematischen Zweiteilung zwischen Innen und Außen. Sobald wir das Intersubjektivitätsprinzip anerkennen, wird es unmöglich, derart säuberlich zwischen Vorgängen, die dem *Indi-*

viduum widerfahren, und *Tendenzen, die einen Teil der psychischen Struktur bilden,* zu unterscheiden. Wir müssen vielmehr davon ausgehen, daß es keine psychische Struktur ohne intersubjektiven Kontext gibt und daß keine Vorgänge stattfinden, sofern sie nicht von einer Person wahrgenommen werden, die ihnen eine Bedeutung zuschreibt. Wenn im Wald ein Baum umfällt, ohne daß es jemand bemerkt, ist *in einem psychologisch signifikanten Sinn* nichts geschehen. Was »geschieht«, ist das, was einer Person widerfährt und für sie wahrnehmbar geschieht. Wichtiger noch: Was geschieht, ist das, was jemandem in einem intersubjektiven Kontext zustößt und von ihm wahrgenommen und mit Bedeutung erfüllt wird.

Wittgensteins Konzept des »Sehen als« das eng mit den Vorder- und Hintergründen in der Gestaltpsychologie zusammenhängt, beschreibt die Bedeutung der Dissoziation treffender. Aufgrund des Kontextes – in unserem Zusammenhang: des intersubjektiven Kontextes – all dessen, was wir wahrnehmen, sehen wir das, was wir wahrnehmen, als bestimmtes Objekt, zum Beispiel als Ente oder Kaninchen. Um jedoch unsere Erfahrung in Form dieses »Sehen als« zu organisieren, müssen wir natürlich eine Perspektive einnehmen, in der sich unserem Blick vieles entzieht. Wir können dies als verbergende *Dissoziation* bezeichnen und erkennen dann, daß sich dieser Vorgang weitgehend automatisch, präreflexiv-unbewußt, vollzieht und vorgängig organisierten emotionalen Überzeugungen oder Organisationsprinzipien gehorcht (Stolorow und Atwood, 1992). Diese kontextualistische Sichtweise umgeht die Notwendigkeit des in Fairbairns Beschreibung der Dissoziation enthaltenen Atomismus wie auch der freudianischen Verdrängungstheorie. Die Dissoziation erweist sich als ein vorübergehendes oder auch dauerhafteres Verbergen von Erfahrungsaspekten, das intersubjektiv gebildeten und aufrechterhaltenen Mustern organisierender Aktivität folgt.

Welche Konsequenzen – so unsere nächste Frage – hat diese Sichtweise für Kohuts (1971) Unterscheidung zwischen der vertikalen und der horizontalen Spaltung der Persönlichkeit? Die vertikale Spaltung ähnelt der Dissoziation, während die horizontale der von Freud beschriebenen Verdrängung gleichkommt. Läßt nicht die horizontale

Spaltung – oder die Verdrängung – das zuvor beschriebene dynamische Unbewußte entstehen? Dynamisch unbewußte Erfahrungen würden, falls sie in Worte gefaßt oder auf andere Weise geäußert werden, lebenswichtige Bindungen gefährden (Stolorow und Atwood, 1992). Nur wenn wir die Verdrängung als einen intersubjektiven Prozeß neuformulieren, können wir sie aus der cartesianischen Isolation freisetzen und sie adäquat als kontextuellen Vorgang erfassen. Darüber hinaus müssen wir anerkennen, daß die Neuformulierung eines Konzepts, das derart eng an triebtheoretische, atomistische und objektivistische Blickwinkel gebunden ist, den Begriff gleichzeitig dehnt. Die der Verdrängung entsprechende horizontale Spaltung bedingt unter unserem Blickwinkel ein relativ dauerhaftes oder permanentes »Sehen als«, das bestimmte potentielle Inhalte des Gewahrseins daran hindert, bewußt zu werden. Die vertikale Spaltung hingegen bezieht sich auf die erfahrungsbezogene Abtrennung unterschiedlicher Perspektiven und somit wechselnder Möglichkeiten des »Sehen als«, die jeweils ihre eigene, charakteristische Vorder- und Hintergrundorganisation besitzen, ihr je spezifisches Muster des Aufdeckens und Verbergens.

Wir halten die Dissoziation für ein janusköpfiges Phänomen. Sie gibt einerseits die Abtrennung von Ereignissen und Umständen zu erkennen, die derart disruptive und desintegrierende Affektzustände hervorrufen, daß sie nicht in eine permanente Selbststruktur, in ein fortdauerndes Identitäts- oder Geschichtsbewußtsein integriert werden können. Zudem spiegelt die Dissoziation auch eine emotionale Umwelt wider, die jene Anerkennung verweigert, die notwendig ist, damit solche Ereignisse assimiliert werden können (Stolorow und Atwood, 1992). Die Dissoziation schützt das Kind vor disruptivem Schmerz, repräsentiert aber auch eine Form der pathologischen Anpassung an eine Umgebung, in der es für solchen Schmerz keinen Platz gibt (Brandchaft, 1994).

Kehren wir noch einmal kurz zu der mit diesen Überlegungen zusammenhängenden Diskussion über multiple und einheitliche Selbste zurück, die in der psychoanalytischen Literatur der vergangenen Jahre geführt wurde. Mitchell (1993), Bromberg (1996) und andere Autoren haben die Ansicht vertreten, daß das integrierte oder einheitliche Selbst eine Illusion sei, und plädieren deshalb dafür, räumlichen Metaphern Priorität gegenüber zeitlichen (kontinuitätsorientierten) zu geben, wenn wir vom Selbsterleben sprechen. Lachmann (1996) wiederum glaubt, daß ein adäquat prozeßorientiertes Verständnis der persönlichen Integrationsstrebungen der Multiplizität ebenso gerecht wird wie der Ganzheit des menschlichen Erlebens. Unsere kontextualistische, systemorientierte Perspektive geht über diese Debatte hinaus, die das (unvermeidbare) Organisieren von Erfahrung mit der (vermeidbaren) Erfahrung von Organisiertheit verwechselt. Wir verstehen Desorganisation (lies: *Dissoziation, Multiplizität*) als Teil des selbstorganisierenden Prozesses eines dynamischen Systems. Das Eine oder die Vielzahl, Kohärenz oder Dissoziation werden hier gleichermaßen berücksichtigt, was mitnichten bedeutet, daß sie in einem nicht reduzierbaren Paradox oder in einer dialektischen Spannung lediglich koexistierten, wie manche Beziehungstheoretiker behaupten (Ghent, 1992; Hoffman, 1994; Aron, 1996). Einheit und Multiplizität sind unterschiedliche Organisationsformen von Subjektivität, die innerhalb spezifischer intersubjektiver Kontexte je unterschiedlich intensiv erlebt werden.

Schluß: Kontextualistische Wahrnehmungsfähigkeiten und Haltungen

Wir haben bereits erläutert, daß unsere intersubjektivistische Perspektive keine klinische Theorie ist, sondern eine Metatheorie oder ein Katalog von Fragen an Theorien. Mehr noch, unter einem klinischen Blickwinkel beschreiben wir ein spezifisches Wahrnehmungsvermögen, eine Sensibilität, an der sich unser Denken und unsere Arbeit orientieren. Wir können diese Sensibilität – teilweise und in einem fallibilistischen Sinn – als eine charakteristische Haltung beschreiben. Das Wesen der psychoanalytischen Arbeit liegt nicht in irgendeinem spezifischen, konkreten Verfahren, das Anwendung finden muß; es wird vielmehr durch eine *Haltung* konstituiert, mit welcher der Kliniker an das Material herangeht, und durch einen *Prozeß,* der in dem sich entfaltenden Dialog mit dem Patienten stattfindet. Diese Haltung ist charakterisiert durch das empathisch-introspektive Erforschen, aus dem eine therapeutische Interaktion hervorgeht, welche die Bedeutungen und Muster, die das Erleben des Patienten organisieren, erhellt (und schließlich transformiert). Der Prozeß kann unmöglich durch konkrete, situationsbezogene Faktoren (etwa das Gespräch im Sitzen, die Anwendung der Couch, die Frequenz oder Länge der Sitzungen usw.) determiniert oder definiert werden. Natürlich können in jedem individuellen Fall spezifische, konkrete Arrangements die analytische Arbeit fördern oder behindern. Wenn man den psychoanalytischen Prozeß jedoch in einem engen Sinn als Resultat solcher spezifischen Arrangements begreift, verfällt man, wie bereits erwähnt, der Illusion, daß man die Psychoanalyse tatsächlich einem medizinischen Verfahren oder einer Produktionstechnik analog setzen könne. In dem Maße, in dem der Analytiker oder die Analytikerin in seiner oder ihrer Durchführung der Behandlung durch Abstinenzregeln oder andere »Regeln«, die man formulieren könnte (selbst durch die Regel der »freien« Assoziation) eingeschränkt ist, beginnt die psychoanalytische Praxis jenen erstarrten Ritualen zu ähneln, die untrennbar mit religiösen Dogmen verbunden sind. Ebenso wie Lindon (1994) betonen auch wir die Möglichkeit der Analytiker, sich in ihrem Denken und ihrer klinischen Arbeit zu emanzipieren und die Freiheit zu finden, die notwendig ist, damit sie ihre kreativen Ressourcen ganz ausschöpfen und den psychoanalytischen Forschungs- und Behandlungsaufgaben gerecht werden können.

Eine kontextualistische Sichtweise führt zwangsläufig zu einer selbstreflexiven Haltung, die für neue Handlungs- und Erfahrungsdimensionen ständig offen ist. Anders als gewisse postmoderne Nihilismen sind kontextualistisches Denken und Arbeiten durch einen Fallibilismus – die Anerkennung eigener Fehlbarkeit – charakterisiert (Orange, 1995). Unter einem epistemologischen Blickwinkel erkennen wir an, daß unser augenblickliches Verständnis von allem und jedem immer nur einer einzigen Perspektive innerhalb eines Horizontes entspricht, der grundsätzlich durch die Geschichtlichkeit unserer eigenen organisierten und organisierenden Erfahrung begrenzt wird. Unter einem klinischen Blickwinkel mißt der Kontextualist nicht nur der Theorie ein lediglich relatives Gewicht bei, sondern auch jedem spezifischen Verständnis von der Bedeutung der Erfahrung des Patienten oder des im intersubjektiven Feld der Behandlung Entstandenen. Diese fallibilistische Haltung ermöglicht es uns, flexibel und offen für mannigfaltige und emergente Bedeutungskontexte zu bleiben. Kontextualismus schreibt keine »Technik« vor (siehe Kapitel 2), nicht einmal die Technik, zahlreichen klinischen Fragen gleichzeitig nachzugehen; vielmehr läßt er eine Haltung entstehen, die unseren Horizont für erweiterte Bedeutungsmöglichkeiten öffnet und gewährleistet, daß sich unsere theoretischen Überlegungen zu einem Blickwinkel entfalten, der kontinuierlich an Weite und Aufnahmevermögen gewinnt. Kontextualistisches Denken ist an sich weder Theorie noch Praxis, sondern schließt Haltungen oder Sensibilitäten in bezug auf Theorie und Praxis mit ein.

Kontextualistische Haltungen und Sensibilitäten fördern aufgrund ihres fallibilistischen Potentials den kreativen und spielerischen Geist, für den Winnicott (1971) in Bezug auf die psychoanalytische Praxis eintrat (Rubin, 1998). Wenn wir die Kontexte identifizieren können, die zu einer spezifischen Organisation der Erfahrung geführt haben, können wir mit dieser Organisation spielen, sie in Frage stellen und mit ihrer Reorganisation experimentieren.

Epilog

Der Prozeß, in dem sich die Intersubjektivitätstheorie im Laufe der vergangenen zwei Jahrzehnte entwickelt hat, ist Widerspiegelung und Ausdruck des zentralen Konzepts, um das herum sich diese Perspektive herausbildete. Das Konzept des intersubjektiven Feldes, verstanden als System interagierender, unterschiedlich organisierter subjektiver Welten, ging aus der Überschneidung der je charakteristischen persönlichen und intellektuellen Perspektiven hervor, die jeder der Beteiligten in die gemeinsame Arbeit einbrachte. Indem wir unsere unterschiedlichen und einander ergänzenden Hintergründe zusammenführten, gelang es uns immer wieder, gemeinsam Ideen zu entwickeln, die sich keinem von uns allein erschlossen hätten.

An die im Schlußteil von *Faces in a Cloud* (1993) beschriebene Selbstreflexion anknüpfend, möchten wir nun erläutern, was die Intersubjektivitätstheorie für die Autoren des vorliegenden Buches bedeutet hat. Jeder von uns brachte seine eigenen, spezifischen emotionalen Bedürfnisse in die Zusammenarbeit ein und fand sowohl in den entwickelten Ideen als auch in der Zusammenarbeit an sich das, wonach wir gesucht haben. Unsere emotionalen Vorgeschichten umfassen überwältigende frühe Verlusterfahrungen, extreme Nicht-Anerkennung, Usurpation und Entwertung. Die gemeinsame Arbeit an der Entwicklung eines kontextualistischen Verständnisses der Intersubjektivitätstheorie öffnete jedem von uns einen Weg zu Heilung und Hoffnung. In der Zusammenarbeit haben wir dauerhafte persönliche Freundschaften begründet und eine tiefe, zuverlässige Anerkennung und Wertschätzung gefunden. Jeder von uns hat sich bei dieser gemeinsamen Suche nach emotionalem Verstehen als wertvollen Mitarbeiter wahrnehmen können, und wir alle haben dabei erlebt, daß der intersubjektive Kontextualismus die Isolation überwindet und in der Zugehörigkeit zur menschlichen Welt und ihrer aktiven Gestaltung ein Gefühl der persönlichen Bedeutung bestätigt.

Literatur

Aristoteles, *Nikomachische Ethik*. Hg. von F. Dirlmeier. In: *Werke*, Bd. 6. Berlin [2]1960.

Aron, L. (1996). *A Meeting of Minds: Mutuality in Psychoanalysis*. Hillsdale, NJ (Analytic Press).

Atwood, G., und R. Stolorow (1980). Psychoanalytic concepts and the representational world. *Psychoanalysis and Contemporary Thought* 3: 267-290.

– (1984). *Structures of Subjectivity: Explorations in Psychoanalytic Phenomenology.* Hillsdale, NJ (Analytic Press).

– (1993). *Faces in a Cloud: Intersubjectivity in Personality Theory*. 2. Aufl., Northvale, NJ (Aronson).

Bacal, H., und K. Newman (1990). *Theories of Object Relations: Bridges to Self Psychology*. New York (Columbia University Press). (1994) *Objektbeziehungstheorien – Brücken zur Selbstpsychologie*. Übers. von E. Vorspohl. Stuttgart (frommann-holzboog).

Bakhtin, M. (1981). *Dialogic Imagination*. Rustin (University of Texas Press).

Barratt, B. (1993). *Psychoanalysis and the Postmodern Impulse: Knowing and Being Since Freud's Psychology*. Baltimore (Johns Hopkins University Press).

Barrett, W. (1979). *The Illusion of Technique*. Garden City, NY (Doubleday).

Beebe, B., J. Jaffe und F. Lachmann (1992). A dyadic systems view of communication. In: *Relational Perspectives in Psychoanalysis*. Hg. von N. Skolnick und S. Warshaw. Hillsdale, NJ (Analytic Press), S. 61-81.

Bergmann, M., und F. Hartman (1976). *The Evolution of Psychoanalytic Technique*. New York (Columbia University Press).

Bergson, H. (1910). *Zeit und Freiheit*. Frankfurt a. M. (Athenäum) 1989.

Bernstein, R. (1983). *Beyond Objectivism and Relativism: Science, Hermeneutics, and Praxis*. Philadelphia (University of Philadelphia Press).

Bertalanffy, L. (1968). *General Systems Theory*. New York (Braziller).

Bleuler, E. (1911). *Dementia praecox oder Gruppe der Schizophrenien*. Tübingen (edition diskord) 1988.

Bollas, C. (1987). *The Shadow of the Object: Psychoanalysis of the Unthought Known*. London (Free Association Books). (1997) *Der Schatten des Objekts. Das ungedachte Bekannte: Zur Psychoanalyse der frühen Entwicklung*. Übers. von C. Trunk. Stuttgart (Klett-Cotta).

Bouveresse, J. (1995). *Wittgenstein Reads Freud: The Myth of the Unconscious*. Übers. Von C. Cosman. Princeton, NJ (Princeton University Press).

Brandchaft, B. (1993). To free the spirit from its cell. In: *The Intersubjective Perspective*. Hg. von R. Stolorow, G. Atwood und B. Brandchaft. Northvale, NJ (Aronson) 1994, S. 57-76.

– (1994). Structures of pathological accomodation and change in analysis. Vorgetragen in der Association for Psychoanalytic Self Psychology, New York City.

Breuer, J., und S. Freud (1895d). Studien über Hysterie. *G. W.*, Bd. 1, S. 75-312, und Nachtr., S. 217 f., 221-310.

Bromberg, P. (1996). Standing in the spaces: The multiplicity of self and the psychoanalytic relationship. *Contemporary Psychoanalysis* 32: 509-536.

Broucek, F. (1991). *Shame and the Self*. New York (Guilford).

Carver, N. (1994). *This Complicated Form of Life: Essays on Wittgenstein*. Chicago (Open Court).

Culler, J. (1982). *On Deconstruction*. Ithaca, NY (Cornell University Press).

Derrida, J. (1967). *Die Schrift und die Differenz*. Übers. von R. Gasché. Frankfurt a. M. (Suhrkamp) [6]1994.

Edelman, G. (1992). *Bright Air, Brilliant Fire*. New York (Basic Books). (1995) *Göttliche Luft, vernichtendes Feuer: Wie der Geist im Gehirn entsteht*. Übers. von A. Ehlers. München (Piper).

Ehrenberg, D. (1992). *The Intimate Edge: Extending the Reach of Psychoanalytic Interaction*. New York (Norton).

Eissler, K. R. (1958). Remarks on some variations in psychoanalytical technique. *International Journal of Psycho-Analysis* 39: 222-229. (1960) Variationen in der psychoanalytischen Technik. *Psyche* 13: 609-624.

Ellenberger, H. F. (1970). *The Discovery of the Unconscious*. London (Penguin Books). (1973) *Die Entdeckung des Unbewußten. Geschichte und Entwicklung der dynamischen Psychiatrie von den Anfängen bis zu Janet, Freud, Adler und Jung*. Übers. von G. Theusner-Stampa. Bern (Huber).

Etchegoyen, H. (1991). *The Fundamentals of Psychoanalytic Technique*. London (Karnac).

Fairbairn, W. R. D. (1929). Dissociation and repression. In: *From Instinct to Self: Selected Papers of W. R. D. Fairbairn*. Bd. 2. Hg. von E. Birtles und D. Scharff. Northvale, NJ (Aronson) 1994, S. 13-79.

Federn, P. (1926). Some variations in ego feeling. *International Journal of Psycho-Analysis* 7: 434-444.

Flax, J. (1996). Taking multiplicity seriously: Some consequences for psychoanalytic theorizing and practice. *Contemporary Psychoanalysis* 32: 577-594.

Fourcher, L. (1996). The authority of logic and the logic of authority: The import of the Grunbaum debate for psychoanalytically informed psychotherapy. *Psychoanalytic Dialogues* 6: 515-532.

Freud, A. (1936). Das Ich und die Abwehrmechanismen. In: *Die Schriften der Anna Freud.* Bd. 1. München (Kindler) 1980.

Freud, S. (1900a). Die Traumdeutung. *G. W.*, Bd. 2/3.

– (1911c). Psychoanalytische Bemerkungen über einen autobiographisch beschriebenen Fall von Paranoia (Dementia paranoides). *G. W.*, Bd. 8, S. 239-316.

– (1912e). Ratschläge für den Arzt bei der psychoanalytischen Behandlung. *G. W.*, Bd. 8, S. 376-387.

– (1913j). Das Interesse an der Psychoanalyse. *G. W.*, Bd. 8, S. 389-420.

– (1915a). Bemerkungen über die Übertragungsliebe. *G. W.*, Bd. 10, S. 306-321.

– (1919a). Wege der psychoanalytischen Therapie. *G. W.*, Bd. 12, S. 183-194.

– (1923b). Das Ich und das Es. *G. W.*, Bd. 13, S. 237-289.

– (1933a). Neue Folge der Vorlesungen zur Einführung in die Psychoanalyse. *G. W.*, Bd. 15.

Gadamer, H.-G. (1975a). Hermeneutics and social science. *Cultural Hermeneutics* 2: 307-316.

– (1975b). *Wahrheit und Methode. Grundzüge einer philosophischen Hermeneutik.* 4. Aufl. Tübingen (Mohr).

– (1979) The problem of historical consciousness. In: *Interpretive Social Science: A Reader.* Hg. von P. Rabinow und W. Sullivan. Berkeley (University of California Press), S. 103-160.

Ghent, E. (1992). Paradox and process. *Psychoanalytic Dialogues* 2: 135-159.

Gill, M. (1982). *Analysis of Transference.* Bd. 1. New York (International Universities Press). (1996) *Die Übertragungsanalyse. Theorie und Technik.* Übers. von E. Vorspohl. Frankfurt a. M. (Fischer).

– (1984). Psychoanalysis and psychotherapy: A revision. *International Review of Psycho-Analysis* 11: 161-180.

Greenson, R. (1967). *The Technique and Practice of Psychoanalysis.* Bd. 1. New York (International Universities Press). (1973) *Technik und Praxis der Psychoanalyse.* Bd. 1. Übers. von G. Theusner-Stampa. Stuttgart (Klett-Cotta).

Grünbaum, A. (1984). *The Foundations of Psychoanalysis: A Philosophical Critique.* Berkeley (University of California Press). (1988) *Die Grundlagen der*

Psychoanalyse. Eine philosophische Kritik. Übers. von C. Kolbert. Revidierte und erweiterte Ausgabe. Stuttgart (Reclam).

Guntrip, H. (1969). *Schizoid Phenomena, Object Relations and the Self*. New York (International Universities Press).

Harris, A. (1996). The conceptual power of multiplicity. *Contemporary Psychoanalysis* 32: 537-552.

Hayes, G. (1994). Empathy: A conceptual and clinical deconstruction. *Psychoanalytic Dialogues* 4: 409-424.

Hegel, G. F. W. (1807). *Die Phänomenologie des Geistes*. Hg. von J. Hoffmeister. Berlin 1964.

Hoffman, I. Z. (1983). The patient as interpreter of the analyst's experience. *Contemporary Psychoanalysis* 19: 389-422.

– (1991). Discussion: Toward a social-constructivist view of the psychoanalytic situation. *Psychoanalytic Dialogues* 1: 74-105.

– (1994). Dialectical thinking and therapeutic action in the psychoanalytic process. *Psychoanalytic Quarterly* 63: 187-218.

Janet, P. (1894). *État mental des hystériques*. 2 Bde. Paris. (1984) *Der Geisteszustand des Hysterischen*. Leipzig und Wien (Franz Deuticke).

Jones, J. (1995). *Affects as Process*. Hillsdale, NJ (Analytic Press).

Kerr, M., und M. Bowen (1988). *Family Evaluation*. New York (Norton).

Kohut, H. (1959). Introspection, empathy, and psychoanalysis: An examination of the relationship between mode of observation and theory. In: *The Search for the Self*. Bd. 1. Hg. von P. Ornstein. Madison, CT (International Universities Press), S. 205-232. (1977) Introspektion, Empathie und Psychoanalyse. Zur Beziehung zwischen Beobachtungsmethode und Theorie. Übers. von K. Hügel. In: ders., *Introspektion, Empathie und Psychoanalyse. Aufsätze zur psychoanalytischen Theorie, zu Pädagogik und Forschung und zur Psychologie der Kunst*. Frankfurt a. M. (Suhrkamp), S. 9-35.

– (1971). *The Analysis of the Self*. New York (International Universities Press). (1973) *Narzißmus. Eine Theorie der psychoanalytischen Behandlung narzißtischer Persönlichkeitsstörungen*. Übers. von L. Rosenkötter. Frankfurt a. M. (Suhrkamp).

– (1972). Thoughts on narcissism and narcissistic rage. *The Psychoanalytic Study of the Child* 27: 350-400. (1975) Überlegungen zum Narzißmus und zur narzißtischen Wut. Übers. von L. Köhler. In: ders., *Die Zukunft der Psychoanalyse*. Frankfurt a. M. (Suhrkamp), S. 205-251.

– (1977). *The Restoration of the Self.* Madison, CT (International Universities Press). (1979) *Die Heilung des Selbst*. Übers. von E. vom Scheidt. Frankfurt a. M. (Suhrkamp).

– (1980). Reflections on Advances in Self Psychology. In: *Advances in Self Psychology*. Hg. von A. Goldberg. Madison, CT (International Universities Press), S. 473-554.

Kundera, M. (1984). *Die unerträgliche Leichtigkeit des Seins*. Übers. von S. Roth. München/Wien (Hanser).

Lachmann, F. (1996). How many selves make a person? *Contemporary Psychoanalysis* 32: 595-554.

Langs, R. (1978). *Technique in Transition*. New York (Aronson).

Laszlo, E. (1972). *Introduction to Systems Philosophy*. New York (Gordon and Breach).

Lichtenberg, J. D. (1983). The influence of values and value judgments on the psychoanalytic encounter. *Psychoanalytic Inquiry* 3: 647-664.

– , F. Lachmann und J. Fosshage (1992). *Self and Motivational Systems: Toward a Theory of Psychoanalytic Technique*. Hillsdale, NJ (Analytic Press). (2000) *Das Selbst und die motivationalen Systeme. Zu einer Theorie psychoanalytischer Technik*. Übers. von H. Fehlhaber. Frankfurt a. M. (Brandes & Apsel).

– (1996). *The Clinical Exchange: Techniques Derived from Self and Motivational Systems*. Hillsdale, NJ (Analytic Press).

Lindon, J. (1994). Gratification and provision in psychoanalysis: Should we get rid of »the rule of abstinence«? *Psychoanalytic Dialogues* 4: 549-582.

– (1997). A case report of the treatment of a brutally traumatized man. Unveröffentlichtes Manuskript.

Mannheim, K. (1929). *Ideologie und Utopie*. Frankfurt a. M. (Klostermann).

Maroda, K. (1991). *The Power of Countertransference*. Northvale, NJ (Aronson).

Mcdougall, W. (1926). *Outline of Abnormal Psychology*. London (Methuen).

Mitchell, S. (1988). *Relational Concepts in Psychoanalysis: An Integration. Cambridge*, MA (Harvard University Press).

– (1993). *Hope and Dread in Psychoanalysis*. New York (Basic Books).

Monk, R. (1990). *Ludwig Wittgenstein: The Duty of Genius*. New York (Penguin). (1992) *Wittgenstein. Das Handwerk des Genies*. Übers. von H. G. Holl und E. Rathgeb. Stuttgart (Klett-Cotta).

Morrison, A. (1989). *Shame: The Underside of Narcissism*. Hillsdale, NJ (Analytic Press).

–, und R. Stolorow (1997). Shame, narcissism, and intersubjectivity. In: *New Perspectives on Shame*. Hg. von M. Lansky und A. Morrison. Hillsdale, NJ (Analytic Press).

Murray, H. (1938). *Explorations in Personality*. New York (Science Editions).

Niederland, W. (1978). *The Schreber Case*. Hillsdale, NJ (Analytic Press). (1978) *Der Fall Schreber*. Übers. von J. Friedeberg. Frankfurt a. M. (Suhrkamp).

Nunberg, H. (1951). Transference and reality. *International Journal of Psycho-Analysis* 32: 1-9.

Orange, D. (1994). Countertransference, empathy, and the hermeneutic circle. In: *The Intersubjective Perspective*. Hg. von R. Stolorow, G. Atwood und B. Brandchaft. Northvale, NJ (Aronson), S. 177-186.

– (1995). *Emotional Understanding: Studies in Psychoanalytic Epistemology*. New York (Guilford). Dt.: Orange, D. (2004): *Emotionales Verständnis und Intersubjektivität. Beiträge zu einer psychoanalytischen Epistemologie*. Frankfurt a. M. (Brandes & Apsel).

Panel (1987). Conversion of psychotherapy to psychoanalysis. Vortragender C. P. Fisher. *Journal of the American Psychoanalytic Association* 35: 713-726.

Polanyi, M. (1958). *Personal Knowledge*. Chicago (University of Chicago Press).

Putnam, H. (1990). *Realism with a Human Face*. Cambridge, MA (Harvard University Press).

Raphling, D. (1995). Interpretation and expectations. *Japa* 43: 95-111.

Renik, O. (1993). Analytic interaction: Conceptualizing technique in light of the analyst's irreducible subjectivity. *Psychoanalytic Quarterly* 62: 553-571.

– (1995). The ideal of the anonymous analyst and the problem of self-disclosure. *Psychoanalytic Quarterly* 64: 466-495. (1999) Das Ideal des anonymen Analytikers und das Problem der Selbstenthüllung. Übers. von E. Vorspohl. *Psyche* 53 (9/10): 929-957.

– (1996). The perils of neutrality. *Psychoanalytic Quarterly* 65: 495-517.

Rivers, W. (1924). *Instinct and the Unconscious*. Cambridge (Cambridge University Press).

Rubin, J. (1998). *A Psychoanalysis for Our Time*. New York (New York University Press).

Schatzman, M. (1973). *Soul Murder: Persecution in the Family*. New York (Random House).

Singer, E. (1977). The fiction of analytic anonymity. In: *The Human Dimension in Psychoanalysis*. Hg. von K. Frank. New York (Grune & Stratton).

Spence, D. (1993). The hermeneutic turn: Soft science or loyal opposition? *Psychoanalytic Dialogues* 3: 1-10.

Stern, D. N. (1985). *The Interpersonal World of the Infant.* New York (Basic Books). (1992) *Die Lebenserfahrung des Säuglings.* Übers. von W. Krege. Stuttgart (Klett-Cotta).

Stolorow, R. (1978). The concept of psychic structure: Its metapsychological and clinical psychoanalytic meanings. *International Review of Psycho-Analysis* 5: 313-320.

– (1984). Aggression in the psychoanalytic situation. In: *The Intersubjective Perspektive.* Hg. von R. Stolorow, G. Atwood und B. Brandchaft. Northvale, NJ (Aronson) 1994, S. 113-119.

– (1995). Introduction: Tensions between loyalism and expansionism in self psychology. In: *Progress in Self Psychology.* Vol. 11: The Impact of New Ideas. Hg. von A. Goldberg. Hillsdale, NJ (Analytic Press), S. XI-XVII.

– (1997). Principles of dynamic systems, intersubjectivity, and the obsolete distinction between one-person and two-person psychologies: Commentary on Lewis Aron's A Meeting of Minds. *Psychoanalytic Dialogues* 7: 859-868.

Stolorow, R., und G. Atwood (1979). *Faces in a Cloud: Subjectivity in Personality Theory.* New York (Aronson).

– (1992). *Contexts of Being: The Intersubjective Foundations of Psychological Life.* Hillsdale, NJ (Analytic Press).

Stolorow, R., und F. Lachmann (1980). *Psychoanalysis and Developmental Arrests.* Madison, CT (International Universities Press).

– (1984/85). Transference: The future of an illusion. *The Annual of Psychoanalysis* 12/13: 19-38.

Stolorow, R., G. Atwood und B. Brandchaft (Hg.) (1994). *The Intersubjective Perspective.* Northvale, NJ (Aronson).

Stolorow, R., B. Brandchaft und G. Atwood (1987). *Psychoanalytic Treatment: An Intersubjective Approach.* Hillsdale, NJ (Analytic Press). (1996). *Psychoanalytische Behandlung. Ein intersubjektiver Ansatz.* Übers. von W. R. Ross. Frankfurt a. M. (Fischer).

Stone, L. (1961). *The Psychoanalytic Situation.* New York (Iup). (1973) *Die psychoanalytische Situation. Entwicklung und Bedeutung.* Übers. von F. Herborth. Frankfurt a. M. (Fischer).

Sucharov, M. (1994). Psychoanalysis, self psychology, and intersubjectivity. In: *The Intersubjective Perspective.* Hg. von Stolorow, R., G. Atwood und B. Brandchaft. Northvale, NJ (Aronson), S. 187-202.

Tausk, V. (1919). Über die Entstehung des »Beeinflussungsapparates« in der Schizophrenie. In: ders., *Gesammelte psychoanalytische und literarische Schriften.* Hg. von H.-J. Metzger. Wien/Berlin (Medusa) 1983, S. 245-286.

Taylor, C. (1985). Atomism. In: *Philosophy and the Human Sciences*. Bd. 2. Cambridge, MA (Cambridge University Press).

– (1989). *Sources of the Self: The Making of the Modern Identity*. Cambridge, MA (Cambridge University Press).

Thelen, E., und L. Smith (1994). *A Dynamic Systems Approach to the Development of Cognition and Action*. Cambridge, MA (MIT Press).

Thomson, P. (1991). Countertransference. In: In: *The Intersubjective Perspective*. Hg. von Stolorow, R., G. Atwood und B. Brandchaft. Northvale, NJ (Aronson), S. 127-143.

Tomkins, S. (1963). *Affect, Imagery, Consciousness*. Bd. 2: *The Negative Affects*. New York (Springer).

– (1991). *Affect, Imagery, Consciousness*. Bd. 3: *Anger and Fear*. New York (Springer).

Wachtel, P. (1993). *Therapeutic Communication: Principles and Effective Practice*. New York (Guilford).

Winnicott, D. W. (1958). *Through Paediatrics to Psycho-Analysis*. New York (Basic Books). (1983). *Von der Kinderheilkunde zur Psychoanalyse*. Übers. von G. Theusner-Stampa. München (Kindler).

– (1960). Ego distortion in terms of true and false self. In: ders., *The Maturational Processes and the Facilitating Environment*. Madison, CT (Iup) 1965, S. 140-152. (1984) Ich-Verzerrung in Form des wahren und des falschen Selbst. In: ders., *Reifungsprozesse und fördernde Umwelt*. Übers. von G. Theusner-Stampa. München (Kindler), S. 182-199.

– (1971). *Playing and Reality*. London (Tavistock). (1974) *Vom Spiel zur Kreativität*. Übers. von M. Ermann. Stuttgart (Klett-Cotta).

Wittgenstein, L. (1921/1953). *Tractatus logico-philosophicus. Tagebücher 1914-1916. Philosophische Untersuchungen. Werkausgabe*, Bd. 1. Frankfurt a. M. (Suhrkamp) 1984.

Wolf, E. (1976). Ambience and abstinence. *Annual of Psychoanalysis* 4: 101-115. (1988) Atmosphäre und Abstinenz. Übers. von G. Theusner-Stampa. In: *Die psychoanalytische Haltung*. Hg. von P. Kutter, R. Páramo-Ortega und P. Zagermann. München/Wien (Verlag Internationale Psychoanalyse), S. 299-316.

– (1983). Aspects of neutrality. Psychoanalytic Inquiry 3: 675-690.

Wuellner, B. (1956). *Dictionary of Scholastic Philosophy*. Milwaukee (Bruce).

Personen- und Sachregister